Words don't come easy

W0057551

Doris Märtin, promovierte Anglistin, arbeitet als freie Autorin, Texterin und Kommunikationsberaterin. Sie hat zahlreiche Bücher über Kommunikation und Persönlichkeitsentwicklung veröffentlicht. Darunter *Smart Talk* (2006) sowie *Love Talk* (2007) und *Mich wirft so schnell nichts um* (2010).

Doris Märtin

Words don't come easy

Wie Sie von angelsächsischer
Konversationskunst profitieren

Campus Verlag
Frankfurt/New York

ISBN 978-3-593-38948-6

Das Werk einschließlich aller seiner Teile ist urheberrechtlich geschützt.
Jede Verwertung ist ohne Zustimmung des Verlags unzulässig. Das gilt
insbesondere für Vervielfältigungen, Übersetzungen, Mikroverfilmungen
und die Einspeicherung und Verarbeitung in elektronischen Systemen.
Copyright © 2011 Campus Verlag GmbH, Frankfurt am Main.
Alle deutschsprachigen Rechte bei Campus Verlag GmbH, Frankfurt/M.
Umschlaggestaltung: *total italic, amsterdam-berlin*
Fotos: © Max Power/Rome, Italy/Corbis; © Reuters/Corbis;
© Lawrence Jackson/White House/Handout/The White House/Corbis;
© Bettmann/Corbis; © Tobias Schwarz/Reuters/Corbis; © John Springer
Collection/Corbis; © Kelly-Moones Photography/Corbis; © Bettmann/
Corbis; © Underwood & Underwood/Corbis
Satz: Campus Verlag GmbH, Frankfurt/Main
Gesetzt aus der Sabon, der Times New Roman und der Palatino
Druck und Bindung: Beltz Druckpartner, Hemsbach
Gedruckt auf Papier aus zertifizierten Rohstoffen (FSC/PEFC).
Printed in Germany

Dieses Buch ist auch als E-Book erschienen
www.campus.de

Inhalt

Isn't it insightful?

Warum Briten und Amerikaner nicht besser reden als wir und wir uns trotzdem manches von ihnen abschauen können

Wir lieben ihre TV-Serien, importieren ihre Feiertage, übernehmen ihre Managementtechniken, kleiden uns in ihre Mode und lieber als den amerikanischen Präsidenten haben wir als Staatsgast höchstens noch die englische Queen bei uns. Amerikanische und englische Wörter, Produkte und Verhaltensweisen machen sich in fast jedem Winkel unseres Lebens breit, und wenn Sie dieses Buch lesen, hegen Sie vielleicht ähnlich viel Sympathie für den britisch-amerikanischen Lebensstil wie ich. Vielleicht sehen Sie sich *Mad Men* bevorzugt in Englisch oder die Hochzeit von William und Kate auf CNN an, ziehen die schwergewichtige Barbourjacke dem atmungsaktiven Funktionsanorak vor oder geraten beim Anblick einer Harley oder eines Aston Martin ins Schwärmen. Vielleicht lieben Sie auch englische Rosen oder amerikanische Shakermöbel oder lassen sich, jedem intellektuellen Anspruch zum Trotz, zum Wochenendausklang gern mal in die Welt der Cottages und Steilküsten entpilchern.

Was macht ihn nur so attraktiv für uns, den *British and American way of life* oder das, was wir darunter verstehen? Schließlich sind wir ja keineswegs blind für die Unzulänglichkeiten amerikanischer Außen- und Klimapolitik oder die Zumutungen britischer Sanitäranlagen. Doch die guten Assoziationen überwiegen: Fast jeder, der Deutsch spricht, hat Englisch gelernt, wir wurden mit den Internatsgeschichten von Enid Blyton groß oder mit *Sex and the City* erwachsen und überhaupt hat die Anglophilie, die Sympathie für die Angelsachsen, in Deutschland Tradition. »Ja wenn wir England nicht lieben sollen, was sollen wir dann überhaupt noch lieben!« Theodor Fontane hat das gesagt und Thomas Mann äußerte sich nicht weniger begeistert: »Wäre ich nur in die angelsächsische Kultur hineingeboren!« schrieb er 1948, nach Jahren des kalifornischen Exils. Doch mehr als alle guten Erinnerungen zählt die Gegenwart: Amerikaner und Briten ruhen sich nicht auf ihren Errungenschaften aus. Sie schüren unser Interesse immer weiter. Von *Harry Potter* bis *Avatar*, von Facebook bis zum iPhone, von der *Corporate Social Responsibility* bis zur Halbleitertechnologie – was angesagt ist oder die Best-of-Listen anführt, wird *more often than not* über Kanal und Teich zu uns herübergespült.

Die kleinen Unterschiede

Von unseren deutschsprachigen Nachbarn abgesehen ist uns somit keine Kultur so vertraut wie die angelsächsische. Wir sprechen fließend Englisch oder jedenfalls brauchbar, lesen Jane Austen, John Irving und Jonathan Franzen, canceln, downloaden und chatten so gedankenlos, als hätten wir keine eigenen Wörter dafür, und jede Provinzbäckerei macht gute Geschäfte mit Schokomuffins und Coffee to go.

Doch so stark das Verbindende zwischen Germanen und Angelsachsen ist, unsere Kenntnis von Sprache, Land und Leuten lässt reichlich Luft nach oben. Das Defizit bescheinigt uns einer, der es wissen muss: »Gäbe es eine ›kulturelle Grammatik‹«, würden die meisten Deutschen zeitlebens den Global Test nicht bestehen«, sagt der irische Experte für interkulturelle Kommunikation James McCabe. »Die richtige Zeit zu benutzen mag morphologisch eine gewisse Genugtuung bereiten, wenn es allerdings um Zwischenmenschliches und spontanen, echten Gedankenaustausch geht, spielt es eine eher geringe Rolle.«

Auf gut Deutsch: Den subtilen Unterschied von *past tense* und *present perfect* kennen viele. Kulturelle Unterschiede im sprachlichen Verhalten, zum Beispiel dass Briten und Amerikaner viel häufiger als wir einen verbindlichen, suchenden Kommunikationsstil pflegen, lernt man dagegen nicht aus dem Englischbuch. Deshalb spüren wir allenfalls diffus: Irgendwie verstehen sie sich aufs Reden, die Angelsachsen, und das eine oder andere in Sachen Gesprächskultur würde man sich gern von ihnen abschauen.

Es gibt Momente, da wäre es schön, rhetorisch versiert zu sein wie Barack Obama, charmant wie Hugh Grant, freundlich-diskret wie Kate Middleton, Herzogin von Cambridge, geistreich wie Woody Allen oder bestimmt wie Meryl Streep als Vogue-Chefin in *Der Teufel trägt Prada*. Und auch wenn man selbst Produktmanager in Bochum ist oder Staatsanwältin in Wien – wenn die Verkäuferin in einem GAP-Store geduldig die siebte Jeans vorschlägt, weil man die Waschung gern eine Nuance anders hätte, dann weiß man: Die angelsächsische Kundenorientiertheit täte auch der eigenen Karriere gut.

Egal, ob sie mir live oder in Filmen, Büchern oder im Fernsehen begegnen, immer wieder rufen die englisch-amerikanischen Sprachmanieren mein Interesse wach: Woher beziehen die gewandten UK/US-Rhetoriker ihren sprachlichen Schliff? Nehmen wir als Außenstehende vornehmlich die Ausnahmetalente rhetorischer Have-it-alls wie Barack Obama oder Bill Clinton wahr? Lassen wir uns vom Können cleverer Reden- und Drehbuchschreiber beeindrucken? Oder sagen und formulieren die Briten und Amerikaner generell manches anders und vielleicht geschickter als wir? Wie verwandeln sie die Tatsache, dass Worte nicht immer so leicht kommen wie gewünscht, nicht nur in einen weltberühmten Song sondern obendrein in einen kommunikativen Vorteil? Nutzen sie Mittel und Wege, die wir, taub für die feinen Unterschiede zwischen dem englischen und deutschen Sprachverhalten, bisher in ihrer Wirkung unterschätzt oder in ihrer Machart nicht durchschaut haben?

Für diese Annahme spricht, dass Menschen sich tendenziell schwer damit tun, interkulturelle Differenzen, also die Unterschiede zwischen den Kulturen zweier Länder, zu erfassen. Weil uns mit Engländern und Amerikanern so vieles verbindet, glauben wir, sie besonders gut zu kennen, und verlieren den Blick dafür, dass unsere Sprachen sich nicht nur in Wortschatz und Grammatik unterscheiden, sondern oft auch in der Art, etwas auszudrücken.

Die mangelnde Wahrnehmung solcher kultureller Ungleichheiten stört die Konversation im englischsprachigen Ausland, wo man uns Deutsche als ungeschickt im Smalltalk und übereifrig im Business Talk empfindet. Viel wichtiger aber: Unser blinder Fleck für die kleinen Unterschiede im Sprachverhalten beraubt uns der Chance, genau die Verhaltensweisen in unser eigenes Kommunikationsrepertoire aufzunehmen, die wir an Briten und Amerikanern bewundern. Dieses Buch schließt die Lücke. Es geht der Frage nach: Was haben sie, was wir nicht haben? Was genau machen sie anders und vielleicht sogar besser? Vor allem aber:

Welche angelsächsischen Erfolgsmuster können wir mit Gewinn für uns nutzbar machen?

Nicht um unser eigenes Sprachverhalten auszutauschen. Sondern um es zusätzlich um erprobte und direkt umsetzbare Besonderheiten zu ergänzen, die unser Deutsch bereichern und inspirieren.

Was haben sie, was wir nicht haben?

Der Philosoph Ralph Waldo Emerson formulierte in weiser Voraussicht: »Konversation ist eine Kunst, in der ein Mensch mit der gesamten Menscheit konkurriert.« Heute hat die Globalisierung auch die Kommunikation erreicht: Wer klug ist, schaut über den Tellerrand und vergleicht die heimischen Gesprächsmuster mit erfolgreichen Verhaltensweisen in anderen Ländern.

Lassen Sie sich deshalb ein auf eine Reise: Gehen Sie auf Entdeckungstour durch Großbritannien und die USA und schauen Sie von dort auf unsere eigenen Verhältnisse. Die ungewohnte Perspektive rückt Erkenntnisse ins Licht, an die Sie so noch nie gedacht haben, und adelt typisch englisches und amerikanisches Kommunikationsverhalten, das Ihnen bisher vielleicht irritierend oder eher suspekt erschien. Gerade wenn Sie in Sachen Kommunikation schon vieles kennen, profitieren Sie vom Blick über Kanal und Teich: Je mehr wirksame Kommunikationsmethoden Sie prüfen und verinnerlichen, desto mehr steigen Ihre Chancen auf Einfluss und Erfolg – beruflich, aber auch weit darüber hinaus.

Welche Gesprächsmuster sind es nun, die deutsche und englische Muttersprachler unterscheiden? Systematisch ermitteln lassen sie sich nicht. Legen wir deshalb ganz pragmatisch die sprachlichen Verhaltensweisen zugrunde, die in unseren Augen so britisch sind wie *Yorkshire pudding* oder so amerikanisch wie Mickey Mouse. Dann hebt sich die angelsächsische Gesprächskultur durch neun offenkundige Besonderheiten von der unseren ab:

Anrede: In den englischsprachigen Ländern ist geschafft, was sich bei uns viele wünschen: eine einheitliche Anrede, ohne den Kampf und Krampf ums Sie oder Du. Doch was so wunderbar informell wirkt, ist nicht ohne Fallstricke. Wo sich die meisten beim Vornamen nennen, tobt sich das Spiel um Nähe, Distanz und die feinen sozialen Unterschiede eben auf anderen Gebieten aus. Woraus sich ablesen lässt: Offenbar lassen sich Menschen nirgendwo gern über einen Kamm scheren.

Smalltalk: Mit dem Smalltalk haben die Angelsachsen eine Kommunikationsform erfunden, die bei uns jahrzehntelang nichts und dann plötzlich als unverzichtbares Soft Skill galt. Inzwischen sind wir beim kleinen Gespräch schon ganz gut geworden. Trotzdem sind uns Briten und Amerikaner um ein paar Jahrhunderte darin voraus.

Enthusiasmus: How are you this morning? – Good! How are you? Schade, dass man Bücher nicht hören kann. Denn der herzliche Ton, in dem sich auf Englisch Wildfremde begrüßen, ist auf der Welt einzigartig. Amerikanern ist er als Zeichen von *good attitude* zur zweiten Natur geworden und auch wir täten gut daran, wenigstens eine Light-Version davon zu pflegen. Denn der positive Sound überwindet Fremdheit und beflügelt die Kreativität.

Konfliktmanagement: Briten und Amerikaner erkennen die Macht, die darin liegt, Spannungen klein zu halten. Deshalb setzen sie auf Zwischentöne und bringen Probleme verklausuliert zur Sprache. Der abgefederte Kommunikationsstil erspart Stress und Peinlichkeiten und bietet beste Voraussetzungen, den eigenen Standpunkt wohlerzogen zu vertreten.

Humor: Vor allem auf der britischen Insel unterströmt der Spaßmodus jedes noch so ernste Gespräch. Witz und Selbstironie genießen höchstes Ansehen und haben eine wichtige soziale Funktion: Sie sorgen dafür, dass Smalltalks unterhaltsam und Konflikte halb so wild verlaufen, bringen neue Perspektiven ins Spiel und bieten die Möglichkeit, unter dem Deckmantel des Unernstes eigentlich Unsägliches zur Sprache zu bringen.

Understatement: Bei uns gilt: Erfolgreich ist, wer die eigene Leistung gekonnt in Szene setzt. In den angelsächsischen Ländern verhält es sich umgekehrt: Klasse zeigt, wer sich nicht so wichtig nimmt. Ob im Sport oder im Meeting: Wer auf sich hält, macht sich kleiner, als er ist – und verfügt damit über ein Erfolgsgeheimnis, das vor allem die ganz Großen elegant für sich zu nutzen wissen.

Professionelle Freundlichkeit: Amerika ist in Sachen Kundenzufriedenheit die Nummer eins, Deutschland liegt weit abgeschlagen elf Ränge dahinter. Vielleicht ist es das Bild von König Kunde, das uns das Dienstleisten so schwer macht. Disney, Starbucks & Co. sehen dagegen ihre Kunden als Gäste an, die man als Gastgeber verwöhnt und umsorgt. Dass die Liebenswürdigkeit standardisiert ist, tut der Wirkung keinen Abbruch: Was zählt, ist die Erfahrung, als Kunde geschätzt und willkommen zu sein.

Vortragsstil: Zwischen dem angelsächsischen und germanischen Vortragsstil liegen Welten. Während wir bevorzugt sachlich und streng faktenorientiert präsentieren, setzen die Amerikaner und Briten darauf, ein Publikum zu fesseln und Themen effektvoll in Szene zu setzen. Das eine oder andere Detail bleibt dabei schon mal außen vor. Dafür klingen angelsächsische Reden bildhafter und persönlicher. Man könnte auch sagen: gehirngerechter.

Die feine angelsächsische Art: Für uns ist die feine englische Art genau wie das Prädikat Gentleman ein Schlüsselwort, das für gute Manieren und einen kultivierten Lebensstil steht. Tatsächlich umfasst das Wort aber noch mehr: Es kennzeichnet ein soziales Verhalten, das durch Wohlwollen und Wohlerzogenheit überzeugt, als Verhaltenskodex auf der ganzen Welt angesehen ist und mehr durch Zurückhaltung kommuniziert als durch Wortgewandtheit.

Was Sie in diesem Buch erwartet

Nun gibt es natürlich den typischen Engländer oder Amerikaner genauso wenig wie den typischen Deutschen, Österreicher oder Schweizer. Deshalb sind die Spracheigenschaften, die wir den Angelsachsen nachsagen, bis zu einem gewissen Grad Klischeevorstellungen. Zudem stehen sie in Verbindung mit einem Sozialverhalten, das eher in der *middle* und *upper class* zu finden ist als bei amerikanischen Redneck-Prolls oder britischen Party-Touristen.

Dieses Buch nimmt sich deshalb die Freiheit zur Unschärfe heraus: Weder spiegelt es die gesamtgesellschaftlichen Verhältnisse in irgendeiner Weise wider noch trennt es akribisch zwischen amerikanischem und britischem Englisch. Es spart auch weitgehend aus, was die Angelsachsen *nicht* können, was uns an ihrer Art der Kommunikation missfällt und welche Kommunikationsformen wir erheblich besser beherrschen als sie.

Stattdessen rückt es britische und amerikanische Stärken in den Mittelpunkt und zeigt, was es daraus zu lernen gibt. Pragmatisch und undogmatisch importiert es typisch angelsächsische Ausdrucksformen, die im Deutschen weniger ausgeprägt vorhanden sind – mit denen aber auch wir unser Verhaltensrepertoire vorteilhaft anreichern können. Nachdem Sie dieses Buch gelesen haben, wissen Sie nicht nur, warum in England Bescheidenheit Pflicht ist, was wir von den Amerikanern in Sachen Freundlichkeit lernen können und warum so viele Frauen Hugh Grant unwiderstehlich finden. Sie haben auch den Sinn und die Wirkung der neun englisch-amerikanischen Erfolgsmuster so detailliert aufgeschlüsselt kennengelernt, dass Sie sie beruflich und privat als Gesprächsstrategien einsetzen können, die noch nicht jeder beherrscht.

Die Anregungen und Vorbilder, auf die Sie dabei treffen, sind nicht ohne. Viele der Dialogbeispiele in diesem Buch stammen nämlich aus Büchern und Filmen, aus Politikerreden, TV-Serien, Unterhaltungsbestsellern und der anspruchsvollen Literatur. Lesen Sie die Beispiele auf Deutsch, Englisch und manchmal auch in beiden Sprachen, je nachdem, wie eine kommunikative Nuance sich am deutlichsten vermittelt. Schulen Sie daran Ihr sprachliches Feingefühl und experimentieren Sie, wie die sprachliche Magie von Clooney, Carrie & Co. auch auf Deutsch geführte Gespräche oder Präsentationen lässiger, verbindlicher und manchmal klarer macht. Weil Originaldialoge aus Büchern und Filmen konzentrierter und weniger von Banalitäten durchsetzt sind als Alltagsdialoge, unterstützen sie genau das, worauf dieses Buch abzielt:

ein Lernen vom Besten, was uns die Traditionalisten des guten Tons und die Meister der zwanglosen Herzlichkeit zu bieten haben.

My name is Bond, James Bond

Wie man offen ist, ohne mit jedem auf Du und Du zu sein

*F*ür Politiker scheint es den ultimativen Ritterschlag zu bedeuten: mit Barack, David oder Hillary auf Du und Du zu sein. Auf jeden Fall sorgt die formlose Anrede für eine gute Presse. »Mit Barack Obama besteht bestes Einvernehmen«, kommentierte die Süddeutsche Zeitung nach dem Amtsantritt des 44. amerikanischen Präsidenten das Verhältnis zur deutschen Kanzlerin, »auf der Basis der Vornamen, den der Präsident sogar deutsch ausspricht.« Ein Jahr später leuchtet die Berliner Zeitung das Verhältnis zwischen Hillary Clinton und Guido Westerwelle aus: »Sie duzen sich nun.« Fast erinnert die Wendung an den legendären Satz, mit dem Helmut Kohl einst Ronald Reagan aufgefordert haben soll: »You can say you to me.«

Selbst glaubt man sich über so viel Provinzialität natürlich erhaben. Doch auch US/UK-Kenner ertappen sich, wie sie sich unwillkürlich geschmeichelt fühlen, wenn sie wichtige amerikanische oder englische Geschäftspartner ruckzuck beim Vornamen nennen dürfen. Obwohl sie genau wissen: Viel heißen will so viel Vertraulichkeit nicht. Während bei uns der Übergang vom Sie zum Du manchmal einem Überfall und oft einem Eiertanz gleicht, gibt es im Englischen von Haus aus nur ein Anredepronomen: *you*. Und viel häufiger als bei uns nennt man sich fast übergangslos beim Vornamen. Fast sieht es so aus, als wären die Briten und Amerikaner so kumpelhaft mit jedem auf Du und Du wie bei uns nur ein schwedisches Möbelhaus. Fast. Aber nicht ganz. Denn dass die Angelsachsen pauschal jeden duzen, einschließlich Queen, Prime Minister und Präsident, ist ein Klischee. Die Wahrheit ist komplizierter. Grammatikalisch und erst recht sozial.

Die Geschichte mit dem »you«

Versetzen Sie sich in das England der Tudors, von Heinrich VIII, Anne Boleyn und Elizabeth I zurück. Damals, im 16. und 17. Jahrhundert, gab es in Großbritannien, ähnlich wie heute im Deutschen oder Französischen, zwei Formen der Anrede: *you* und *thou*. Die Pluralform *you* war genau wie unser *Sie* oder das französische *vous* eine förmliche Anrede, mit der man Fremde und Höherrangige adressierte. Die Singularform *thou* entsprach unserem *Du* oder dem französischen *tu*. Es wurde als vertraute Anrede unter Freunden und Liebenden, aber auch gegenüber Kindern und Untergebenen verwendet.

Ein Dialog aus Shakespeares *Romeo und Julia* (III,5) verdeutlicht das Prinzip. Während Julia ihren Vater respektvoll mit *you* anspricht, verwendet Capulet ihr gegenüber das familiäre *thou*, das hier in seiner Dativ- und Akkusativform *thee* auftaucht.

Juliet: Good father, I beseech you on my knees,
            Hear me with patience but to speak a word.

Capulet: Hang thee, young baggage! disobedient wretch!
            I tell thee what: get thee to church o' Thursday,
            Or never after look me in the face:
            Speak not, reply not, do not answer me;
            My fingers itch.

Julia: *Ich fleh Euch auf den Knien, mein guter Vater,*
            Hört mit Geduld ein einzig Wort nur an!

Capulet: *Geh mir zum Henker, widerspenstge Dirne!*
            Ich sage dirs: zur Kirch auf Donnerstag,
            Sonst komm mir niemals wieder vors Gesicht.
            Sprich nicht! Erwidre nicht! Gib keine Antwort!
            Die Finger jucken mir.

Bis zur Shakespeare-Zeit unterschied das Englische also genau wie das Deutsche zwischen einer vertrauten und einer förmlichen Anrede. Allerdings begann die Differenzierung bereits zu bröckeln. Capulets Ton zeigt, dass das intime *thou* nicht nur Nähe, sondern auch Geringschätzigkeit ausdrücken konnte. Dieser Beigeschmack führte dazu, dass das *thou* und seine Beugeformen im 17. Jahrhundert aus der Alltagssprache verschwanden. Das höflichere *you* lief ihm den Rang ab. Es wurde fortan allen und jedem gegenüber verwendet als die unverfänglichere Form der Anrede, die niemandem zu nahe trat.

So trefflich sich also ›you‹ auf ›du‹ reimen mag – sprachgeschichtlich und grammatikalisch entspricht es unserem Sie.

»Das Wörtchen ›You‹ im Englischen ist kein intimes ›Du‹, sondern eine Respekt zeugende Pluralform, die dem deutschen ›Ihr‹ entspricht«, erläutert Germanistik-Professor Werner Besch von der Universität Bonn. Dass das vertraute *thou* abgeschafft wurde, habe zur Folge, »dass sich nun alle siezen – und nicht duzen.«

Historisch gesehen hat die Nivellierung der Anrede also die Distanz vergrößert, nicht verkleinert. Keineswegs duzen die Angelsachsen einander so formlos-plump, wie Zwangs- und Alleweltduzer es hierzulande gern einführen würden. Im Gegenteil:

Richtiger wäre die Aussage, dass in England jeder jeden siezt.

Angelsachsen haben keine Qual der Wahl

Nun ist der faktische Untergang des familären *thou* ein paar Hundert Jahre her und natürlich machen sich auch in den englischsprachigen Ländern nur Eingeweihte die ursprüngliche Bedeutung des Einheits-*you* bewusst. Deshalb hat sich das *you* heute zu einer vollkommen neutralen Form der Anrede entwickelt. Weder ist es mit der Förmlichkeit des deutschen *Sie* noch mit der Intimität unseres *Du* aufgeladen. Will man das Verhältnis zum Gesprächspartner lockerer gestalten, geht man einfach zum Vornamen über: Statt *Ms. Miller* oder *Sir* sagt man *Jane* oder *Tom*. Das Anredepronomen bleibt davon ebenso unberührt wie der Ton, mit dem man sich begegnet.

Schon rein rechnerisch verändert also der Wechsel von der formellen zur informellen Anrede die Konversation im Englischen ungleich weniger als im Deutschen: Der Name fällt in einem Gespräch nur zwei-, dreimal und notfalls eben überhaupt nicht. Personal- und Possesivpronomen lassen sich dagegen nicht umgehen und spiegeln im Deutschen bei jedem einzelnen Gebrauch wider, wie man zueinander steht. Darüber hinaus verändert sich bei uns mit dem Übergang zum Du oft auch der Umgangston: Mal wird er netter und offener, mal nachlässiger und rauer, manchmal sogar steifer und verkrampfter als vorher, als man einander noch siezte.

Der Vergleich mit dem *you* bestätigt, was Menschen spüren, die den anhaltenden Trend zum Du eher auf- als ungezwungen finden:

> *Das Problem mit dem Du ist, dass wir es haben.*

Weil es die Möglichkeit gibt, das Anredepronomen zu wechseln, bleiben alle, die nicht über die formelle Anrede hinauskommen, mit der Frage konfrontiert: »Warum duzt ihr euch eigentlich nicht?« Eine unpeinliche Antwort darauf gibt es so wenig wie eine Konvention, die wenigstens einigermaßen verbindlich festlegt, welche Anrede angemessen ist für langjährige Kollegen, die ungefähr gleichaltrigen Nachbarn, die Trainerin im Fitness-Studio, das neue Au-pair-Mädchen oder die Freunde von Freunden, die man bis vor fünf Minuten nur vom Hörensagen kannte. Ob wir uns mit ihnen duzen oder siezen, bleibt unserem Empfinden überlassen und unserem Geschmack. Das unspezifische *ihr* kann manchmal eine Rettung, aber auf Dauer keine Lösung sein.

Wer also glaubt, man könne das englische *you* so einfach importieren wie Hamburger und Harris Tweed, irrt. Denn das deutsche *Du* ist keine neutral-ambivalente Anrede und wird es in absehbarer Zeit niemals werden. Es setzt eine Entscheidung voraus und ist deshalb mit einer hohen Symbolik aufgeladen. Im Gegensatz zum Raum lassenden, wertschätzenden Sie steht es für einen persönlichen, entspannten Umgang miteinander. Beides ist von Vorteil, beides hat seine Berechtigung. Allerdings kommt erschwerend hinzu, dass beide Anredeformen auch mit negativen Assoziationen aufgeladen sind: Du-Anhänger verachten das Sie als konservativ und steif, Sie-Befürworter empfinden das Du als aufgezwungen und plump.

Daraus lässt sich ablesen: Das Argument, in England und den USA duze doch auch jeder jeden, hat ausgedient. Während das englische *you* die nicht verhandelbare Standardanrede ist, kommt das deutsche Du einem Statement gleich. Selbst wenn man es flächendeckend einführen würde, bleibt das Problem: Was die einen mögen, ist anderen zu viel.

Die Sache mit den Vornamen

Weil im Englischen nur ein und überdies das förmlichere Anrede-pronomen überlebt hat, ergibt es sich beiläufiger als bei uns, dass man einander beim Vornamen nennt. Trotzdem kennt natürlich auch das Englische eine formale Art der Anrede. Wird jemand mit *Mr. Miller, Sir* oder *Senator McCain* angesprochen, dann steht außer Frage: Man wahrt die Form und hält auf Distanz, *you* hin, *you* her.

Jahrhundertelang stellte die wechselseitige Anrede mit dem Familiennamen sogar die Norm dar – viel mehr, als wir es uns heute überhaupt vorstellen können: In Jane Austens *Stolz und Vorurteil* sprechen die Bennett-Schwestern, alle um die 20, den kaum älteren Mr. Darcy über mehrere Hundert Seiten hinweg mit dem Familiennamen an. Aus diesem Grund geraten selbst Austen-Kundige ins Schleudern, wenn man sie nach dem Vornamen des Traumprinzen der englischen Literatur fragt. Nach dem 19. Jahrhundert lockerten sich die strengen Sitten. Doch noch in den Swinging Sixties adressierten Kennedy und Kiesinger einander formgerecht mit »Mr. President« und »Mr. Chancellor« und selbst im Kino triumphierte die formale Höflichkeit. Denken Sie an *Goldfinger*, den Inbegriff aller James-Bond-Filme: »Do you expect me to talk?«, fragte Bond, an einen Tisch aus Gold gefesselt, während ein Laserstrahl auf ihn zurast. »No, Mr. Bond, I expect you to die!«, gab Goldfinger zurück. Tadellose Wohlerzogenheit in jeder Situation – auch das macht die Faszination Bond aus.

Bond: *»Sie erwarten jetzt wohl, dass ich rede.«*
Goldfinger: *»Falsch, Mr. Bond. Ich erwarte, dass Sie sterben.«*

Die Zeiten ändern sich. Seit den 70er-Jahren haben sich die angelsächsischen Länder zu *first-name societies* entwickelt und die Vornamenanrede ist in allen Lebensbereichen zwischen allen Altersgruppen und Hierarchieebenen üblich geworden. Das heißt aber nicht, dass sie deswegen immer als stimmig oder willkommen empfunden wird. Eine kleine Szene aus dem Roman *Der Teufel trägt Prada* zeugt davon: Dort fordert die Modemagazin-Chefin Miranda Priestly von ihren Mitarbeitern die Anrede mit dem Vornamen so gebieterisch ein wie die prompte Erfüllung aberwitzigster Extrawünsche. Als die neue Assistentin Andrea Sachs es wagt, die respekteinflößende, viel ältere Stilikone mit Ms. Priestly anzusprechen, weist man sie umgehend zurecht: »And do not ever call her Ms. Priestly. It's Miranda. Got it?« »Und nenn sie niemals Ms. Priestly. Es heißt Miranda, kapiert?« Wer den Roman oder seine Verfilmung mit Meryl Streep und Anne Hathaway kennt, merkt spätestens an diesem Punkt:

In England und den USA ist die Anrede mit dem Vornamen kein Freundschaftsbeweis. Weder signalisiert sie eine besondere Vertrautheit noch ebnet sie Rang- oder Altersunterschiede ein.

Landeskundige fühlen sich deshalb keinesfalls zu einem kumpelhaften Umgangston eingeladen, wenn jemand sich formlos vorstellt (»Hi, I'm June«) oder vorschlägt »Call me Tom« oder »Don't you sir me. It's Bill«. Sie versprechen sich auch keine Vorzugsbehandlung. Der soziale Abstand, die emotionale Nähe machen sich nicht daran fest, ob man die Chefin »Miranda« oder »Ms. Priestley« nennt.

Allenfalls zeugen Kurzformen des Vornamens wie Tommy statt Thomas von besonderer Vertrautheit. Gleiches gilt für Spitznamen, die vor allem in der Upper Class verraten, wer mehr dazugehört und wer weniger. Drehbuchautor und Filmregisseur Julian

Fellowes beleuchtet das Phänomen in seinem Roman *Snobs*: »Spitznamen bilden einen undurchlässigen Absperrgürtel mit Dichtegarantie. Ein Fremder gerät oft in die Lage, dass er eine Dame zu gut kennenlernt, um sie weiterhin Lady XY zu nennen, aber bei Weitem nicht gut genug, um sie als ›Würstchen‹ zu beiteln; die Verwendung des Vornamens ist in diesen Kreisen wiederum ein sicheres Zeichen, dass man eine Person überhaupt nicht kennt.«

Alles easy, oder was?

Im Englischen drückt die persönliche Anrede Freundlichkeit aus, keinesfalls Freundschaftlichkeit. Entsprechend entspannt bietet man die Vornamen-Anrede an. Allerdings schätzt nicht jeder den Trend. Wenn sich in dem Oscar-prämierten Film *The Queen* Elizabeth II alias Helen Mirren und ihr Privatsekretär über die allgegenwärtigen Vornamenanrede austauschen, schwingt Pikiertheit mit:

Robin Janvrin: »The atmosphere in Downing Street is expected to be very informal. Everybody is on first name basis at the Prime Minister's insistence.«

The Queen: »What, as in ›Call me Tony‹? Oh, I don't like that. Have you sent him a protocol sheet?«

Robin Janvrin: »In der Downing Street soll es sehr zwanglos zugehen. Alle reden sich mit Du an. Der Premierminister will das so.«

The Queen: »Etwa wie ›Sagt Tony zu mir‹? Wie schrecklich. Kennt er das Hofprotokoll?«

Im wahren Leben denkt man natürlich lockerer. Doch auch die Durchschnittsengländer und -amerikaner gehen nicht ganz ohne Protokoll zum Vornamen über. Inklusive des ebenso respektvollen wie praktischen *ma'am* und *sir* verwenden sie mindestens so viele unterschiedliche Anredemöglichkeiten wie wir und stimmen sich subtil aufeinander ab, um sich näherzukommen, ohne sich zu nahe zu treten.

Sehr schön zu beobachten ist die richtige Etikette in dem Politthriller *Ghost* des britischen Bestsellerautors Robert Harris. Der in der Ich-Form erzählende Ghostwriter steht darin vor der Aufgabe, die halbfertigen Memoiren des britischen Ex-Premierministers Adam Lang in einer Nacht-und-Nebel-Aktion termingerecht zu Ende zu bringen. Bei der ersten Begegnung der beiden Männer steht, wie bei jedem Kennenlernen, die Anredefrage im Raum. Der Auftragsschreiber tut, was Angelsachsen in solchen Fällen tun: Als der Rangniedrigere zögert er und wartet, dass der Premierminister als der Ranghöhere die Anrede vorgibt. Was der Premier reflexhaft tut: »Adam«, sagt er. »Nennen Sie mich Adam.«

Von da an nennt man einander beim Vornamen, als hätte man nie etwas anderes getan. Denkbar wäre in der gleichen Situation übrigens auch, dass der Premierminister auf den Call-me-Adam-Satz verzichtet, selbst aber den Ghost mit dem Vornamen anspricht. Das wäre für den Ghost ein Signal, beim formalen »Mr. Prime Minister« zu bleiben. Im Englischen sind asymmetrische Anreden zwischen Vorgesetzten und Mitarbeitern kein Zeichen von Herablassung. Denken Sie nur an die TV-Serie *Emergency Room*: Oberärzte nennen Assistenzärzte beim Vornamen, werden aber selbst mit Dr. Weaver oder Dr. Greene angesprochen.

Der höflich-unaufgeregte Wechsel der Anredeform könnte auch bei uns ein Fortschritt sein. Wichtigste Voraussetzung dafür: Messen Sie dem Siezen oder Duzen keine übertriebene Bedeutung bei. Erhellend dazu sind die Forschungsergebnisse der Linguistikprofessorin Robin Tolmach Lakoff von der kalifornischen Universität Berkeley. Sie hat festgestellt:

Die Qualität einer Beziehung misst sich nicht an der Anrede. Sondern daran, wie viel Gesprächspartner von sich preisgeben, wie nahe sie aneinander heranrücken, wie direkt sie Wünsche äußern oder Kritik.

Außerdem wichtig: Wenn Sie es als vorteilhaft ansehen, zum Vornamen überzugehen, zum Beispiel weil sich alle anderen in der Nachbarschaft oder Firma auch duzen, regeln Sie die Anredefrage mit angelsächsischer Zügigkeit: »Ich bin Hannah.« Kalkuliertes Timing und knappe Wortwahl ersparen den hierzulande üblichen Staatsakt aus Händedruck, Anstoßen und Befangenheit.

Formgewandt, aber nicht steif: Das Hamburger Sie

In den deutschsprachigen Ländern treten Anredepronomen und Namensanrede meistens im Doppelpack auf. Von skurrilen Ausnahmen à la »Du, Frau Meier« abgesehen ist das *Sie* an den Familiennamen gekoppelt. Die Anrede mit dem Vornamen gibt es dagegen traditionell nur zusammen mit dem *Du*. Der Übergang zum Vornamen verändert deshalb Sprache und Beziehung im Deutschen ganz anders als im Englischen.

Duz-Freudige schreckt dieses verbale Aneinanderrücken nicht ab: Sie duzen kollektiv und nicht immer zur Freude des Gegenübers. Verfechter des Sie beschäftigt dagegen die Frage: Wie ist man vertraut, aber nicht distanzlos? Wie lässt man gute Bekannte näher an sich heran, ohne sich gleich zu verbrüdern? Und warum hat man bei aller natürlichen Zurückhaltung überhaupt kein Problem damit, die englischen oder amerikanischen Kollegen *Matthew* oder *Kate* zu nennen, während man zuhause das Du und die damit verbundene Vornamenanrede nur nach reiflicher Überlegung anbietet?

Die Antwort darauf lautet: Weil man an vertrauten Gewohnheiten klebt und Sprachneuerungen ihre Zeit brauchen, sich durchzusetzen. Denn eigentlich haben Early Adopters das deutsche Pendant zum englischen Einheits-you schon importiert: die Kombination aus *Sie + Vorname,* das sogenannte Hamburger Sie. Auch wer es nicht aktiv nutzt, kennt es aus amerikanischen Filmen oder aus dem *heute journal,* wenn Claus Kleber zu den Kollegen im Ausland schaltet. Als freundlich-distanzierte Zwischenanrede spiegelt es perfekt die angelsächsischen Verhältnisse wider und ist genau das, was im Deutschen bisher noch fehlt: eine souveräne Mischung aus formgewandt, aber nicht steif – so *smart casual* wie der ohne Krawatte getragene schwarze Anzug der Medienmenschen, die es bevorzugt untereinander verwenden. Unter Gleichaltrigen, Ranggleichen, Kollegen oder Sportsfreunden könnte es die ideale Anredevariante überall dort sein, wo die einen sich mehr Lässigkeit wünschen und die anderen trotzdem die Form gewahrt sehen möchten. Eine bessere Alternative zum verordneten Kollektiv-*Du* oder verkniffenen Tages-*Du* wäre es allemal. Zugegeben: Einander ohne das vertraute Du beim Vornamen zu nennen kann eine Hürde sein. Aber:

Wer sich daran versucht, gewinnt ein Ausdrucksmittel hinzu, genau wie die Angelsachsen mit vielen auf der Basis der Vornamen zu verkehren, ohne deshalb mit jedem auf Du und Du zu sein.

Ob als neue Projektleiterin oder als Trainer im Seminar: Setzen Sie den Trend und schlagen Sie vor, dass sich alle beim Vornamen nennen, das Sie aber beibehalten. Auch gut: Nutzen Sie ein unwillkommenes Du-Angebot, um die Sie+Vornamen-Anrede zu etablieren: »Danke für das Angebot. Ich bin kein so großer Freund des Duzens, fände es aber schön, wenn wir uns beim Vornamen nennen würden.«

Wie der Name die Wahrnehmung beeinflusst

Der Vorname spielt in den angelsächsischen Ländern eine Hauptrolle. Unwichtig wird der Familienname deshalb nicht. Im Gegenteil, vor allem die Amerikaner mixen virtuos Vornamen, Kurznamen, Zwischennamen, Nachnamen, Titel und Anrede je nach Anlass und Intention zu immer neuen Kombinationen.

Hillary Clinton ist ein prominentes Beispiel dafür, wie man sich beim *name game* durch kleine Veränderungen bei der Namensnennung in unterschiedlichen Rollen inszeniert: Bei der Heirat mit Bill Clinton behielt sie zunächst ihren eigenen Namen: Hillary Rodham. Als erfolgreiche Anwältin in den 90er-Jahren firmierte sie unter Ms. Hillary Rodham Clinton – der Doppelname erlaubte ihr, gleichzeitig als unabhängige Karrierefrau und als glühendste Anhängerin ihres Mannes wahrgenommen zu werden. Als First Lady ließ sie sich als Mrs. Hillary Clinton bezeichnen, passend zur Rolle der Frau an seiner Seite, ohne erkennbare eigene Karrierepläne. Als Clinton nach den Jahren im Weißen Haus Senatorin für New York wurde, lautete die beeindruckende Anrede Senator Hillary Rodham Clinton – bis sie sich im Rennen um die eigene Präsidentschaft erneut wandelte: »Hillary for President« hieß ihr Wahlkampfslogan, der vor allem die *soccer mums*, die Frauen der Mittelschicht, ansprechen sollte. Die Konzentration auf den Vornamen galt als wohlkalkuliert: Sie suggerierte Zugänglichkeit und ließ den Mittelnamen verschwinden, den traditionelle Wähler als zu emanzipiert empfinden mochten.

Eine verspielte Variante des *name game* findet sich in Rachel Johnsons Roman *Notting Hell*, einer Gesellschaftssatire über das Londoner In-Viertel Notting Hill. Eine der Protagonistinnen, Mimi Malone, trennt damit lässig ihre private und berufliche Welt:

»Malone is my maiden name, which I have kept for work and dinner parties with attractive men, and for when I am receiving money I have earned from the sweat of my own brow. Everywhere else, i.e. at the doctor's surgery, at school, at the butcher's, I am Mrs Fleming. My system seems to work very well, especially for me – when the money's incoming, I am Mimi Malone, and when it's outgoing, I'm Mrs Fleming.«

»Malone ist mein Mädchenname. Ich nutze ihn im Job, bei Dinner-Partys mit attraktiven Männern und wenn Geld eingeht, das ich im Schweiße meines Angesichts selbst verdient habe. Überall sonst, d. h. beim Arzt, in der Schule, beim Metzger, bin ich Mrs Fleming. Das System funktioniert, besonders für mich – wenn ich Geld einnehme, bin ich Mimi Malone, wenn ich es ausgebe, bin ich Mrs Fleming.«

Nomen est omen und der Name ein wichtiges Mittel der Selbstdarstellung. Ob jemand mit Ben oder Benjamin angesprochen werden möchte, ob man sich als Bine Maier oder Sabine Maier-Schönenfeldt vorstellt und wie man es wem gegenüber mit dem Professorentitel, dem Mittelinitial, oder dem adelnden »von und zu« im Namen hält, ist mehr als eine Frage des persönlichen Geschmacks. Die Art, wie wir unseren Namen nennen oder schreiben, wirkt sich ganz erheblich darauf aus, wie wir wahrgenommen werden.

Von den Angelsachsen können wir lernen: Wie man sich vorstellt, anreden lässt oder unterschreibt, lässt sich auf das Wunderbarste variieren. Das situationsangepasste Spiel mit dem Namen erweist sich nicht nur im Job als vorteilhaft. Je mehr Variationen Ihres Namens Sie haben und mögen, je lockerer Sie spielen mit dem Du, dem Sie und allen möglichen Varianten dazwischen, desto flexibler ist ihr Selbstbild, desto mehr Rollen und Facetten leben Sie in Harmonie miteinander aus.

Lovely day today

Warum ohne das Wetter
gar nichts geht und was beim
Smalltalk außerdem zählt

Man kann über das englische Wetter sagen, was man will, aufregend ist es nicht. Nicht einmal den Programmverantwortlichen der ARD würde es ganz leichtfallen, aus Sommern, die zwischen Ende Juli und Anfang August stattfinden, und Wintern, bei denen das Thermometer kaum jemals unter null Grad absinkt, einen *Brennpunkt* zu machen. Trotzdem scheint es für die Engländer kaum ein anregenderes Gesprächsthema zu geben. »Es ist allgemein zu beobachten«, schrieb der englische Gelehrte Dr. Samuel Johnson schon im 18. Jahrhundert, »dass zwei Engländer, wenn sie sich treffen, als Erstes über das Wetter reden.«

Nun könnte man natürlich spekulieren, das idiosynkratische Interesse am Klima sei eine natürliche Folge der Pferde-Hunde-Garten-Leidenschaft, die die Briten selbst bei Wind und Regen in Wachsjacken und Wellingtons ins Freie treibt. Oder man führt als Erklärung an, dass das englische Wetter zwar mild ist, aber so unberechenbar wie das Vorankommen auf der M6 zwischen London und Bristol am Freitagnachmittag. Solche Vermutungen können stimmen oder auch nicht – eines beweisen sie auf jeden Fall: Vom *weather talk* zum Smalltalk ist es nicht weit und in beidem sind die Angelsachsen Meister.

Das Wetter: Begrüßung, Eisbrecher, Lückenfüller

Reden wir zunächst vom Wetter, so wie es in England fast alle tun. Dass das so ist, hat einen sehr guten Grund: Dank des allgegenwärtigen *weather talk* stehen die Briten zumindest sozial nie im Regen. »*Weather speak* ist eine Art Code«, erklärt die englische Sozialanthropologin Kate Fox. »Wir haben ihn entwickelt, um unsere natürliche Zurückhaltung zu überwinden und tatsächlich miteinander ins Gespräch zu kommen.«

Hierzulande denkt man genau anders herum: Wo man deutsch spricht, kommen viele nicht oder nur mühsam ins Gespräch, weil sie Gespräche über das Wetter und sonstige Banalitäten als Code dafür begreifen, dass man einander nicht viel zu sagen hat. Nur: Während wir noch um den passenden, intelligenten, individuellen Einstieg ringen, um ihn am Ende vielleicht doch nicht zu finden, sind sich die pragmatischen Briten bereits einig:

A: »Isn't it gorgeous?«
B: »Wonderful, isn't it.«
A: »Altogether, it's been a fine summer.«
B: »Indeed it has. We had a nice spring, too.«
A: »Yes, it was a lovely spring.«

Wenn Sie jetzt einwenden, der Austausch sei weder informativ noch inspiriert, haben Sie völlig recht. Und trotzdem: Fände er nicht statt, wäre die Welt ein kleines bisschen ärmer. Was so leicht klingt, hat durchaus einen tieferen Sinn: Sprache dient ja nicht nur dem inhaltlichen Austausch. Sie gestaltet auch Beziehungen. Diese Aufgabe erfüllen meteorologische Klischees perfekt. In ihrer 98-prozentigen Inhaltslosigkeit schlagen sie Brücken zwischen Fremden und fast Fremden und bauen Befangenheit ab: Jeder kann etwas dazu sagen, und um mitzureden, muss man weder beredt noch belesen sein.

Gerade weil sie nicht intellektuell sind, sind die harmlosen Floskeln über das Wetter integrativ. Ob als Begrüßung oder als Pausenfüller, immer hüllen sie die Beteiligten in den beruhigend-bestärkenden Sound von niceness und good will.

Wer den kurzen Beispieldialog bewusst liest, wird erkennen, wie viel Zustimmung er enthält. In weniger als dreißig Worten werden drei Übereinstimmungen erzielt: »It certainly is«, »Indeed it has«, »Yes, it was a lovely spring«.

Kommentare über das Wetter und andere Belanglosigkeiten haben nur eine einzige Aufgabe: eine freundliche, liebenswürdige Stimmung aufzubauen. Der Trick besteht darin, etwas Prosaisches zu sagen und dabei einen positiven Ton anzuschlagen. Spielt sich der kleine Austausch am Eingang zum Supermarkt oder am Coastal Walk in Cornwall ab, genügt ein gut gelauntes »Not so nice today, huh?« Worauf der andere zustimmt: »Yes, it's quite windy, isn't it?« Unter Fremden kann der kleine Austausch an diesem Punkt schon wieder zu Ende sein. Alle Beteiligten ziehen ihrer Wege – mit dem guten Gefühl, einander freundlich wahrgenommen zu haben, statt grußlos aneinander vorübergeeilt zu sein.

Genauso gut kann der *weather talk* aber als Aufhänger dienen, ins Gespräch zu kommen, *to strike up a conversation*. Fragen Sie: »How's the weather been here recently?« Oder ergänzen Sie wie Jane Austen den Wetterkommentar mit einer ironischen oder originellen Bemerkung: »What dreadful hot weather we have! It keeps me in a continual state of inelegance.« Ganz gleich, wie sie es anfangen, was Sie sagen, ist zunächst ziemlich egal. Die ersten Floskeln dienen lediglich dazu, Interesse an einem Gespräch zu bekunden.

Warum Smalltalk eigentlich ganz einfach geht

Ob in Großbritannien oder den USA, Kanada, Australien oder Neuseeland – wo man Englisch spricht, wird man schnell ins Gespräch gezogen und erst nach dem Abschied merkt man: Besonders substanziell war das, was sich so herzlich-offen angefühlt hat, nicht. Und wenn doch, dann wurde ein vielversprechendes Thema aufgeworfen, aber nicht vertieft: »Have you read *Garp*?«, wirft einem jemand in der Kassenschlange bei Barnes & Nobles zu. »No, should I?«, sagt man, immer wieder neu überrascht von so viel *easy-goingness* unter völlig Fremden. »By all means, it's great!«, strahlt der andere, zahlt, nimmt seine Einkaufstüte und entschwindet: »Have a nice day!«

Vor über 250 Jahren hat Lord Chesterfield, der Erfinder des Smalltalk, Inhalt und Funktion des Beziehungsgesprächs klar umrissen: »Es gibt einen höfischen Jargon, ein Geplauder, einen Smalltalk, der sich ausschließlich um Belanglosigkeiten dreht und in vielen Worten wenig oder nichts besagt. Er steht Hohlköpfen gut an, als Ersatz für das, was sie nicht sagen können, und Männern mit Verstand als Ersatz für das, was sie nicht sagen sollten.«

Seither pflegen Angelsachsen, was ernsthafte Deutsche sich gerade im Kommunikationsseminar antrainieren: Beim Smalltalk geht es um den Austausch von Freundlichkeiten, nicht um den Austausch von Meinungen. Man lotet einander aus, stimmt sich in Ton und Sprechtempo aufeinander ab, zeigt sich von seiner netten Seite und dem Gesprächspartner, dass man an ihm interessiert ist.

Die inhaltlichen und thematischen Herausforderungen halten sich dabei in Grenzen. Viel wichtiger sind eine positive Einstellung und Freude daran, andere in den Bann zu ziehen, indem man sie anhört, verwöhnt, umsorgt und ein bisschen umgarnt. Kunstprofessor Howard Belsey in Zadie Smiths Roman *Von der Schönheit* versteht sich perfekt darauf: »Während seiner üblichen Dreiminutengespräche war er nacheinander engagiert und neugierig, konnte aufbauen, loben, lachte gern schon vor der Pointe und füllte Gläser nach, in denen der Sekt bereits bis obenhin perlte.« Engagement, Neugier, Zustimmung, Anerkennung – das ist es, was beim Smalltalk wirklich zählt.

… und wie man dabei groß rauskommt

Natürlich kann man den Smalltalk als überflüssig abtun und als intellektuelle Nullnummer missachten. Die feine englische Art ist das nicht. In den angelsächsischen Ländern gehört der Warm-up zum guten Benimm, und wer James Bond in *Goldeneye* gesehen hat, ahnt: Nur höchst außergewöhnliche Gründe rechtfertigen, wenn er unterbleibt. »So, by what means shall we execute you, Commander Bond?«, beginnt Verteidigungsminister Mishkin sein Verhör. »What, no small talk? No chit-chat?«, gibt Bond zurück, cool wie immer in jeder Gefahr.

Mishkin: *»Also, wie sollen wir Sie exekutieren, Commander Bond?«*
Bond: *»Was, kein Smalltalk? Keine Plauderstunde?«*

Witz ist eine wunderbare Eigenschaft. Doch um beim Smalltalk groß rauszukommen, muss man keine Pointen abfeuern. Im Gegenteil: Weil Brillanz mehr verschreckt als verbindet, halten die Weltmeister des Smalltalk den Ball eher flach.

Das Wetter und die Wettergebnisse – yes, please. Health und wealth – better not. Wichtiger als die Informationen sind die Emotionen.

Angenehme Smalltalker sind *good-natured* und *good fun* und auf keinen Fall *pushy* oder *nosy*. Mit Allgemeinplätzen, Zurückhaltung, Zustimmung und Zusammenklang liegt man auf der sicheren Seite. »It's not what you say, it's the way you say it«, lautet die Devise. Nicht was man sagt, zählt, sondern die Art, wie man es sagt.

Allgemeinplätze genügen

Intellektuelle Höhenflüge gehören ebenso wenig zum Wesen des Smalltalk wie übertriebene Offenheit. Im Gegenteil: Im Idealfall klingt ein Smalltalk so angenehm gemessen wie die Lautenmusik von John Dowland oder die Menuette von Henry Purcell. In Jane Austens *Stolz und Vorurteil* dekliniert Elizabeth Bennet ihrem unhöflich schweigsamen Tanzpartner Mr. Darcy die Regeln vor: »Jetzt sind Sie an der Reihe, etwas zu sagen, Mr. Darcy. Ich habe über den Tanz gesprochen und Sie sollten nun irgendetwas über die Größe des Raumes oder die Anzahl der Paare bemerken.«

Der Inhalt ist beim Smalltalk also nur Mittel zum Zweck und allzu Tiefgründiges eher irritierend als interessant. »Half of what I say is meaningless«, sang John Lennon in *Julia*. »But I say it just to reach you.«

Reden, um den anderen zu erreichen – darauf kommt es nicht nur in der Liebe, sondern auch beim Smalltalk an.

Abgesehen von Gesundheit, Geld und Politik ist dafür fast jedes Thema recht. Nur zu nahe treten dürfen Sie Ihrem Gesprächspartner nicht. Denn so selbstverständlich Angelsachsen ihre Mitmenschen wahrnehmen und wertschätzen, so selbstverständlich lassen sie ihnen ihren Raum, ihre Eigenheiten und ihre Meinungen.

Zurückhaltung ist Trumpf

Die unbedingte Rücksicht auf die Privatsphäre der anderen fängt mit dem disziplinierten *queuing,* dem Schlangestehen, an und hört damit auf, dass man mit der eigenen Meinung hinter dem Berg hält, wenn man spürt, sie könnte mit der des anderen kollidieren. Das feine Gespür für Privates und Persönliches prägt auch den Smalltalk: Weder belastet man den Gesprächspartner mit den eigenen Befindlichkeiten noch bringt man ihn durch zudringliche Fragen in Verlegenheit, etwas offenbaren zu müssen, was er möglicherweise lieber für sich behalten würde. So stellt man zwar ausländischen Touristen die gesprächsförderliche Frage: »Where are you from?« Im Gespräch mit den eigenen Landsleuten hält man sich dagegen zurück und beschränkt sich auf das unverfänglichere: »What brought you here?«

In Großbritannien mehr noch als in den USA gilt es als aufdringlich, Beruf, Wohngegend, Familienstand oder die Schule der Kinder abzufragen wie Vokabeln – lässt sich daraus doch mehr ablesen, als der andere vielleicht preisgeben möchte.

Wer sich nicht als Statusschnüffler oder Einkommensermittler präsentieren möchte, bemüht im Zweifelsfall lieber, Sie ahnen es, das Wetter.

Die folgende kleine Szene aus Anita Shreves Roman *Eine Hochzeit im Dezember* illustriert das Prinzip: »Harrison hätte Julie gern gefragt, welchen Beruf sie hatte, aber an eine Frau gerichtet klang die Frage nie unverfänglich, ganz gleich, wie man sie stellte. ›Herrliches Wetter‹, bemerkte er stattdessen.«

Alternativ dazu zeigt man, dass man die Privatheitsregel kennt – und souverän zu durchbrechen weiß: »Was macht Ihr Mann beruflich?« fragt der Ich-Erzähler seine Tischdame in Julian Fellowes Roman *Snobs*. »Oder ist die Frage vulgär?« »Sie ist es«, gibt die Gefragte zurück. »Er ist vor allem in der Werbung tätig, organisiert aber auch Benefizveranstaltungen.«

Nebenbei bemerkt: Wirklich voran bringt der Wissenszuwachs das Gespräch nicht. Denn der Ich-Erzähler stellt fest, dass ihm die passende Antwort fehlt – und seiner Gesprächspartnerin das Interesse an der Geschäftstätigkeit des Gemahls. Deshalb wenden sich die beiden am Ende doch wieder dem maliziösem Gossip zu – dem gepflegten Lästern über eine gemeinsame Bekannte. Das übrigens ist beim Smalltalk durchaus erlaubt. Gepflegter Klatsch über einen Dritten, der beiden Gesprächspartnern nicht besonders nahesteht, fördert die Vertrautheit, ohne persönliche Grenzen beim Gegenüber zu überschreiten. Ob er das Image stärkt, steht allerdings auf einem anderen Blatt.

Der gemeinsame Nenner zählt

»Im Frieden kann so wohl nichts einen Mann / Als Milde und bescheidne Stille kleiden«, heißt es in Shakespeares Drama *Heinrich V.* Vielleicht trägt die berühmte Zeile dazu bei, dass die verhaltenen Angelsachsen besser als die diskussionsfreudigen Deutschen erkennen: Am besten kommt miteinander aus, wer sich einig ist. Und wenn schon nicht einig, dann wenigstens um einen gemeinsamen Nenner bemüht.

Streitpunkte und Herzensthemen, Widerspruch und Kontroversen, Rechthaberei und Besserwissertum bleiben deshalb beim Smalltalk ausgespart.

Grau in grau muss sich das kleine Gespräch trotzdem nicht präsentieren. Von den Nascar-Rennen bis zur Oscar-Verleihung ist thematisch alles möglich – sofern jeder etwas dazu zu sagen hat und niemand außen vor bleibt. Anders als hierzulande, wo man die vermeintlich seichten Gewässer des Smalltalk gern schnell verlässt, um den wahren Kern der Dinge auseinanderzunehmen, notfalls auch kontrovers, gilt in den englischsprachigen Ländern: Übereinstimmung ist alles.

Eine eigene Meinung, ein *quirky twist* sind zwar erlaubt – aber nur als ergänzende Note, nicht als der Weisheit letzter Schluss. Wer den Smalltalk im englischen Stil pflegen will, bietet die eigene Sicht der Dinge an, ohne darauf zu beharren. Wenn es gar nicht anders geht, sagt man in abschließendem Ton »well« oder »right«, also »gut« oder »genau«, und wechselt der guten Beziehung halber das Thema.

Neigen die Briten also dazu, sich um den Punkt herumzuwinden? Das kann man so sehen. Man könnte aber auch argumentieren: Sie verstehen sich besser als wir darauf, unterschiedliche Meinungen nebeneinander gelten zu lassen. Während wir gern relativieren, selbst wenn wir eine Meinung im Großen und Ganzen teilen, können wir von den Briten lernen:

Uneingeschränkte Zustimmung ist eine schöne Alternative.

Die Angelsachsen sagen »Ja, nicht?«, »Das klingt sinnvoll« oder »Da haben Sie recht« und ergänzen erst danach das Gesagte um eine eigene Vorliebe oder einen neuen Aspekt: »Manchmal wünschte ich aber trotzdem ...«

Bei aller diplomatischen Zurückhaltung: Wenn es hart auf hart geht, wissen die reservierten Briten ihre Interessen zu wahren. Notfalls auch, wie ebenfalls bei Shakespeare in *Heinrich V* (III, 2) zu lesen, mit aller Härte:

»Doch bläst des Krieges Wetter euch ins Ohr,
dann ahmt dem Tiger nach in seinem Tun;
spannt eure Sehnen, ruft das Blut herbei.«

Mitmachen ist Pflicht

Ihre Meinungen vertreten die Angelsachsen beim Smalltalk deutlich milder als wir. Umso mehr bringen sie sich ein, wenn es darum geht, Verantwortung für den Gesprächsverlauf zu übernehmen: Zum guten Ton gehört, Schüchterne ins Gespräch zu ziehen, Tischnachbarn zu unterhalten, sich für Menschen zu interessieren, auch wenn sie offensichtlich anders ticken als man selbst, und Gesprächspausen zu überbrücken.

»To bore is the priviledge of age and rank«, merkt Bestsellerautor Robert Harris an. Zu langweilen ist das Privileg von Alter und Status. Alle anderen sind gefordert, sich anzustrengen. Die umgänglichen Angelsachsen lassen sich vom informellen Charakter des Smalltalk nicht täuschen. Sie akzeptieren, dass Kennenlern-, Tisch- und Pausengespräche Arbeit sind, ganz gleich, wie mühelos-locker der Zusammenklang wirkt. Wer die Mühe scheut, fällt auf – und macht seinen Gesprächspartnern die Beziehungsarbeit doppelt schwer. »Endless effort is harnessed to a sluggish and boring conversation simply to preserve these dullards from a sense of their inadequacy,« ärgert sich Edith Lavery in *Snobs* über die Tyrannei sozial ungewandter Zeitgenossen. Es kostet unendliche Mühe, einem dumpfen Gesprächspartner das Gefühl seiner eigenen Unzulänglichkeit zu ersparen.

Umso eleganter wirkt es, wenn man es schafft, ein verebbendes Gespräch zu beleben: »Bleibt es beim Tennis morgen?«, sagt in Ian McEwans *Abbitte* ein Dinner-Gast und beendet das Schweigen, das die Gastgeberin, die die Kunst des Geplauders noch nie beherrschte, nicht zu durchbrechen vermochte. »Ich denke schon«, sekundiert ein anderer am Tisch. Und wirft dann in die Runde: »Ist es in England je so heiß gewesen wie heute?«

Gewandte Smalltalker kommen natürlich ohne solche Hilfestellungen zurecht. Langsam, aber sicher hangeln sie sich von oberflächlichen Nettigkeiten (»That's amazing, isn't it«) über nie insistierendes Interesse (»You don't shoot, do you«) hin zu leichthin eingeworfenen Meinungen, Gedanken und Gefühlen (»That might be a bit uncomfortable, don't you think?«). Dazu kommt die eine oder andere knappe Selbstoffenbarung, ein feines Gespür für unwillkürliche Signale und Gesten der Gesprächspartner, ab und zu ein trockener One-liner – das ist der Stoff, aus dem der Chit-chat ist.

Wenn souveräne Smalltalker zusammentreffen, ergibt die Mischung dieser Zutaten einen selbstverständlichen Zusammenklang, ein scheinbar unangestrengtes Hin und Her, das das gesellschaftliche Miteinander zuverlässig angenehm macht und den Boden für intensivere Gespräche bereitet. James Salter lässt uns in seinem Roman *Lichtjahre* daran teilhaben, wie ein intelligent geführter Smalltalk eine winterliche Pflichteinladung in einen jener wunderbaren Abende der guten Gespräche und des Wohlbefindens verwandelt. Das Startzeichen dafür gibt Michael Warner, ein Geschäftspartner des Gastgebers. Routiniert zieht er die zuletzt angekommenen Gäste, Dr. Reinhardt und seine Frau, ins Gespräch. Binnen Kurzem entspinnt sich ein Smalltalk, in den sich nach und nach fünf Menschen einklinken:

»*Sie sind Doktor der Medizin?*« *versicherte sich Michael.*

»*Ja.*« *Er arbeite allerdings in der Forschung, erklärte Dr. Reinhardt. Na ja, man könne es Forschung nennen. Er schrieb Bücher.*

»*Wie Tschechow*«, *sagte seine Frau. Sie hatte einen leichten Akzent.*

»*Na ja, nicht ganz.*«

»*Tschechow war aber Arzt, oder nicht?*« *sagte Michael.*

»*Es gibt einige – die Schriftsteller geworden sind, meine ich. Natürlich würde ich mich nicht dazuzählen. Ich schreibe nur eine Biographie.*«

»*Wirklich?*« *sagte Bill.* »*Ich liebe Biographien.*«

»*Über wen schreiben Sie?*« *fragte Nedra.*

Dialoge wie diese sind Sternstunden des Smalltalk. Man nehme eine Handvoll uneigennütziger Gesprächspartner, die durch wohlplatzierte Fragen führen wie Michael, offen, aber nicht unbescheiden über sich Auskunft geben wie Dr. Reinhardt, mit einem unerwarteten Einwurf dem Gespräch eine interessante Wendung verleihen wie Mrs. Reinhardt, Anerkennung verströmen wie Bill und den Faden weiterspinnen wie Nedra. Die Szene erschließt:

Wenn der Smalltalk einen schlechten Ruf genießt, liegt das daran, dass er oft schlecht geführt wird.

Man muss nicht einmal sonderlich geistreich sein, um darin zu glänzen. Viel wichtiger sind Konzentration und – so altmodisch es klingen mag – Uneigennutz. Aufmerksame Smalltalker setzen sich weder zur Ruhe noch drängen sie sich in den Vordergrund.

Langweiler, Vielredner und Schweiger

Oft genügt schon ein Schweiger, Monologist oder Weinlangweiler in der Gruppe, und der Smalltalk entartet zur Tortur. In der Theaterpause oder beim Herbstgespräch hilft gegen Begegnungen der mühsamen Art ein schneller Abschied (»Ach, ich sehe da drüben gerade …«). Oder Sie denken, um durchzuhalten, an ein Bonmot Oscar Wildes:

»Gesellschaftliche Verpflichtungen sind etwas Wunderbares. Dabei zu sein ist bloß öde. Aber nicht dabei zu sein ist einfach tragisch.«

Selbst folgen gesellschaftlich Gewandte natürlich dem Wink der englischen Schriftstellerin Vita Sackville-West: »Reisen ist von allen Vergnügen das privateste. Es gibt keinen größeren Langweiler als den Reiselangweiler. Wir wollen nicht im Mindesten hören, was er in Hongkong erlebt hat.« Daraus lässt sich schließen:

Dass man sich beim Smalltalk gut unterhält, bedeutet keineswegs, dass man ein guter Unterhalter ist.

Zwar enthebt man seine Umgebung der Mühe, das Gespräch alleine am Laufen zu halten. Doch möglicherweise stellt man sich, die eigenen Themen und die persönliche Freude am Erzählen zu sehr in den Vordergrund, um als angenehm empfunden zu werden.

Zu wenig zu sagen ist allerdings auch keine Alternative. Wenige gesellschaftliche Situationen sind peinlicher, als ein mehrgängiges Menü neben jemandem durchsitzen zu müssen, der nichts zu sagen weiß. Jane Austen beschreibt in *Mansfield Park*, wie das schönste Essen neben einem zugeknöpften Gastgeber oder freudlos schweigenden Tischnachbarn an Reiz verliert: »Die Suppe würde höchst lustlos herumgereicht, der Wein ohne freundliches Lächeln oder gefällige belanglose Bemerkungen getrunken, das Wild ohne eine einzige vergnügliche Anekdote über ein früheres Lendenstück aufgeschnitten werden und es würde keine einzige unterhaltsame Geschichte über ›mein Freund, ein gewisser ...‹ geben.«

Gerade weil die kleinen Gespräche in den angelsächsischen Ländern einen so hohen Stellenwert genießen, fällt besonders auf, wenn jemand sie nicht beherrscht. Die angelsächsische Belletristik ist voll von Beispielen gut beobachteter Smalltalk-Pannen. Hier sind fünf Literatur gewordene Dont's, an denen der Smalltalk krankt – von New York bis Niederkassel.

Verdrossen über die Pflicht zum Smalltalk zeigt sich die Heldin in Elizabeth von Armins erstem Roman *Elizabeth und ihr Garten*: »Wer kann schon gleich am Morgen mit konventioneller Liebenswürdigkeit aufwarten? Es ist dies die Stunde der wilden Instinkte und naturgegebenen Neigungen: der Triumph der Mürrischkeit und üblen Laune.« DIE ERKENNTNIS: Der Smalltalk verlangt, dass wir uns auf andere ein- und die eigenen Bedürfnisse hintanstellen. Bringt man die Selbstbeherrschung dafür nicht auf, sind Rückzug und Zuhause-Bleiben die bessere Alternative.

Verkopft lässt Virginia Woolf in *Mrs. Dalloway* den Ehemann der Titelheldin agieren. Bei einer abendlichen Gesellschaft nimmt sich Richard Dalloway, ein erfolgreicher Politiker, einer entfernten Verwandten an, die kaum jemanden kennt. Den Weg ins Freie des Gesprächs findet er allerdings nicht: »›Na Ellie, und wie geht's dir immer?‹ sagte er auf seine gutherzige Art. Und Ellie Henderson, die nervös wurde und errötete und fühlte, dass es außerordentlich nett von ihm war, herzukommen und mit ihr zu plaudern, sagte, dass viele Leute die Hitze stärker empfänden als die Kälte. ›Ja, das ist wahr‹, sagte Richard Dalloway. ›Ja.‹ Aber was noch sagte man?« DIE ERKENNTNIS: Nehmen Sie den Smalltalk nicht zu ernst. Statt den anderen verlegen anzulächeln, machen Sie eine unverfängliche Bemerkung über das, was naheliegt: über das Buffet, die Gäste, den Vortrag, den Wein, die Musik.

Verlegen hält sich die New Yorkerin Nico in Candace Bushnells Roman *Lipstick Jungle* in gesellschaftlichen Situationen zurück. Weil die Herausgeberin eines Hochglanzmagazins ansonsten aber ziemlich erfolgreich ist, empfinden Gesprächspartner sie regelmäßig als überheblich und *stand-offish*: »Nico hasste solche Situationen, weil ihr Smalltalk überhaupt nicht lag, ganz im Gegensatz zu Victory, die sich in Null komma nichts mit einem Automechaniker angeregt über seine Kinder unterhalten konnte. Das hatte zur Folge, dass sie oft für einen Snob oder ein zickiges Biest gehalten wurde, und da sie nun einmal nicht die geborene Rednerin war, konnte sich auch nicht einfach erklären, dass das gar nicht stimmte.« DIE ERKENNTNIS: Wer trotz Berufserfolg und tollem Styling beim Smalltalk schwächelt, gilt selten als scheu und schnell mal als arrogant. Während man selbst fürchtet, im Abseits zu stehen, denken die anderen, man bleibe bewusst auf Abstand. Beste Gegenmittel: lächeln, grüßen, zuhören, fragen. Wenn Sie darauf setzen, fällt nicht auf, dass Sie keine so große Rednerin sind.

Verkrampft beim Smalltalk fühlt sich eine Patientin des Psychoanalytikers Erik Davidsen in Siri Hustvedts Roman *Die Leiden eines Amerikaners:* »Es ist eine Frage der Zensur«, analysiert Ms. W. ihre Hemmung. »Maisie spricht alles aus, was ihr gerade in den Sinn kommt. Manchmal ist das albern und dumm, aber ich merke, dass die Leute ihr zuhören. Sie lächelt ständig und nickt und lacht. Ich warte und denke nach, bevor ich spreche. Trotzdem merke ich, dass man mich langweilig findet, obwohl ich sehr viel intelligentere Sachen sage.« DIE ERKENNTNIS: Je angestrengter man sich von der besten Seite zeigen möchte, desto schwerer findet man den Zugang zum Gegenüber. Begreift man den Smalltalk dagegen als Spiel, wird der Kopf freier, die Worte kommen schneller, die Gesprächsbälle fliegen lockerer hin und her. Genau das erklärt Davidsen auch seiner Patientin: »Conversation isn't just words. It's often a way of playing freely with another person. You stop yourself before you can play.« Ein Gespräch wird nicht nur mit Worten geführt. Oft ist es ein freies Spiel mit einem anderen Menschen. Wer sich dabei allzu sehr zurücknimmt, baut einen Zaun vor dem Spielplatz auf.

Versnobt seien sie beide beim Smalltalk, setzt Elizabeth Bennett in Jane Austens *Stolz und Vorurteil* dem schweigsamen Mr. Darcy auseinander: »Wir haben beide eine Neigung zur Ungeselligkeit und Verschlossenheit, sprechen nicht gern, es sei denn, wir wollen etwas sagen, was den ganzen Raum in Erstaunen versetzt und mit dem durchschlagenden Erfolg eines geflügelten Wortes der Nachwelt überliefert wird.« Die Erkenntnis: Beim Smalltalk sind viele ein bisschen Darcy. Statt sich einzubringen, zelebrieren sie die eigene Überlegenheit. Eines übersehen die überklugen Snobs jedoch: Der Smalltalk öffnet den richtig guten Gesprächen die Tür. Wer blasiert davon Abstand nimmt, verpasst vielleicht die besten Chancen.

Smalltalk 2.0

Für die meisten Angelsachsen gehört die mehr oder weniger gekonnt gepflegte Kunst des Smalltalk zum Leben wie *apple pie*. Doch es gibt eine Steigerungsstufe des Smalltalk, die auch diejenigen fordert, denen normalerweise die kleinen, verbindlichen Worte routiniert von den Lippen perlen: das *Mingling* – das Sich-unter-die-Leute-Mischen bei Festveranstaltungen, Vortragspausen und Get-togethers.

Während man bei uns damit durchkommt, bei derlei Gelegenheiten fest in eine Gesprächsgruppe eingebunden zu sein, ist es in den angelsächsichen Ländern Pflicht, sich von Gruppe zu Gruppe durch den Raum zu arbeiten: *to work the room*. Das bedeutet: Menschen finden sich, docken locker an – und driften nach wenigen Minuten wieder auseinander. Im Klartext: Die Mühe des sich Einfädelns beginnt von vorn.

Diese unausgesprochene Spielregel bringt auch Erfolgsverwöhnte ins Schwitzen. In Tom Wolfes Klassiker *Fegefeuer der Eitelkeiten* bekommt Sherman McCoy, Wall-Street-Finanzgenie mit riesigem Park-Avenue-Apartment, den Druck gesellschaftlichen Versagens zu spüren: »Er schlenderte weiter … Allein! … Was konnte er machen, dass es so aussah, als wenn er allein sein wollte, als wenn er am liebsten allein durch den Bienenschwarm schlenderte? Der Bienenschwarm summte und summte.«

Anders als bei uns ist das *Socializing* in den angelsächsischen Ländern eine Eigenschaft, ohne die Erfolg kaum denkbar ist. Der Unterschied hat Geschichte: Amerika integriert bis heute von allen Ländern die meisten Einwanderer, England war die größte Kolonialmacht der Welt. Die Siedler- und Eroberermentalität hat den Kommunikations- und Verhaltensstil geprägt.

Auf unbekanntem Terrain, fern von Familie und Freunden sicherten Vertrauen und Kontaktfreude Überleben und Wohlstand.

Im Vorteil war, wer sich darauf verstand, Distanz zu überbrücken und Newcomern eine Chance zu geben. Im Vergleich dazu bildeten sich in den deutschsprachigen Ländern geschlossene Gesellschaften heraus: In gewachsenen, dörflich strukturierten Familien- und Wirtschaftsgemeinschaften galten Fremde nicht als Bereicherung. Statt auf Neulinge zuzugehen, investierte man in langjährige, gewachsene Beziehungen. Die Prägung hat Folgen: Zwar gelingt es auch den Angelsachsen nicht immer, sich bei Partys und Empfängen zwanglos zwischen den Gruppen zu bewegen. Aber:

Neulinge dürfen mit einiger Sicherheit darauf vertrauen, dass eingespielte Gruppen sie ins Gespräch ziehen, statt reflexartig die Reihen zu schließen.

Wohlerzogene Gäste drehen leicht den Oberkörper zur Seite, um einem am Rand driftenden Newcomer Platz in der Gruppe zu machen, sagen »Ron here claims …« oder »What do you think?«, und wenn man nicht völlig einsilbig ist oder verprellend dominant auftritt, ist man mitten drin im Gespräch und niemand gibt einem das Gefühl, überflüssig zu sein oder ein Eindringling.

Zudem sind die Gastgeber gefordert, Kontakte anzubahnen, Mauerblümchen zu erspähen und taktvoll zurück ins gesellschaftliche Spiel zu bugsieren. In *Fegefeuer der Eitelkeiten* beherrscht Shermans Gastgeberin Inez die Kunst wie im Lehrbuch. »Nah, ihr beiden«, steuert sie auf Sherman und seine Frau zu, die einen Moment lang den Anschluss verloren haben. »Ich habe nach euch gesucht! Ich möchte euch Ronald Vine vorstellen. Er gestaltet gerade das Haus des Vizepräsidenten in Washington um.« Entschlossen schleppt sie die beiden hinter sich her und schiebt sie »in ein Bouquet, in dem ein großer, schlanker, gutaussehender, relativ junger Mann die erste Geige spielte, besagter Ronald Vine.«

Natürlich gibt es auch bei uns Menschen, die Neulinge in ihren Kreis aufnehmen, und Unternehmen, die ihren Mitarbeitern abverlangen, bei Messen und Tagungen aktiv die Gastgeberrolle zu übernehmen. Doch die Haltung Nur-wer-reinkommt-ist-drin ist weit verbreitet. Sie erschwert die Kontaktaufnahme in der guten Gesellschaft ebenso wie im Neubaugebiet, in der Cafeteria und sogar in den kleinen Gesprächsgruppen beim Herbstgespräch des Wirtschaftsverbands, die sich auch gerade erst formiert haben. Dabei wirkt nichts souveräner, als Newcomer zu bemerken und in die Runde einzubeziehen: »Setzen Sie sich doch zu uns. Wir sprechen gerade über …«. Oder: »Was halten Sie denn von …?«

Die Kunst der Könige

Es gibt in Großbritannien einen Job, in dem man so fließend Smalltalk können muss wie in anderen Französisch oder Chinesisch: den eines Mitglieds der Royal Family. Vor allem die Königin gilt als *skilled conversationalist*. Dabei kommt ihr, sagt Biograf Robert Lacy, das breite Wissen zugute, welches sie sich als Oberhaupt des Commonwealth und bei Hunderten von Auslandsbesuchen erarbeitet hat. »Deshalb hat sie alle möglichen Anknüpfungspunkte und genau das macht ja eine gute Konversation aus – unerwartete und interessante Verknüpfungen herstellen zu können. Darin hat sie viel Erfahrung.«

Wie genau die Queen das Gespräch mit Untertanen und Staatsoberhäuptern zum Laufen bringt, bleibt den Ohren der Öffentlichkeit in der Regel verborgen. Aber Helen Mirren eröffnet uns in dem Film *The Queen* einen Blick durch das Schlüsselloch. Der Ort: Buckingham Palace. Der Anlass: Antrittsbesuch der Blairs. Nach einem Vier-Augen-Gespräch mit dem neuen Premierminister bittet die Queen Cherie Blair herein und eröffnet das Gespräch.

HM Queen Elizabeth II: »Mrs Blair, lovely to see you, and congratulations. You must be very proud, and exhausted I imagine. Where will you be spending the summer?«

Cherie Blair: »Erm, France.«

Queen: »Oh, lovely.«

Tony Blair: »You'll be in Balmoral?«

Queen: »Yes, yes, I can't wait. It's such a wonderful place. My great great grandmother Victoria once said ›Balmoral always seems to breathe peace and make one forget the world and its sad turmoils‹.«

Ihre Majestät Königin Elizabeth II: »Mrs. Blair, wie schön Sie zu sehen und herzlichen Glückwunsch. Sie müssen sehr stolz sein und vermutlich auch erschöpft. Wo werden Sie den Sommer verbringen?«

Cherie Blair: »Ähm, Frankreich.«

Queen: »Oh, wie schön. «

Tony Blair: »Und Sie werden in Balmoral sein?«

Queen: »Ja, ja, ich kann es kaum erwarten. Es ist ein so wunderbarer Ort. Meine Ururgroßmutter Victoria sagte einmal: ›Balmoral scheint immer Frieden zu atmen und lässt einen die bedauerlichen Wirren der Welt vergessen.‹«

Wertschätzend, positiv, offen, kurz – mehr kann ein Smalltalk nicht sein. Mehr braucht er auch nicht zu sein. Zwar erweisen sich die Film-Blairs als so ungewandt, dass man an ihrer britischen Staatsbürgerschaft zu zweifeln beginnt. Doch die Queen hält das Gespräch mit den fünf Elementarteilchen des Smalltalk auch solo am Laufen: Anerkennung, Frage, Floskel, Selbstoffenbarung, Anekdote. So ist es eine rein rhetorische Frage, wenn sie sich nach dem Gespräch bei ihrem Privatsekretär vergewissert: »It wasn't too short, was it? Fifteen minutes, one doesn't want to be rude.« Janvrin kann Ihre Majestät beruhigen: Der Besuch war defintiv nicht zu kurz, fünfzehn Minuten reichen völlig aus. Tatsächlich darf man sich, so der kalifornische Psychologe Leonard Zunin, schon nach gut vier Minuten verabschieden, ohne kurzangebunden zu wirken. In diesem Sinne:

See you later, alligator. After a while, crocodile.

Die berühmten Songzeilen sind übrigens hoffähig: Als Bill Haley & His Comets 1957 durch England tourten, machte sich sogar Prinzessin Margaret den Abschiedsgruß zu eigen, der so wunderbar unverbindlich ein Wiedersehen in Aussicht stellt.

It's wonderful, it's marvellous

Wie Enthusiasmus
das Miteinander erleichtert

Natürlich gibt es in den USA unwirsche Immigration Officers (»Next!«), kurzangebundene Rezeptionistinnen (»What's the problem now?«), rüde Kollegen (»Now that argument is crap«) und Vorgesetzte, die weder Bitte noch Danke sagen (»That's all«). Doch alles in allem überwiegt der Eindruck: Sie reden positiver, die Amerikaner. Aufbauender. Enthusiastischer. Und ihre Haltung steckt an: Kehrt man nach ein, zwei Wochen Urlaub oder sechs Monaten Auslandseinsatz aus den Staaten zurück, merkt man: Man lächelt strahlender, spricht lebhafter, begeistert sich leichter und findet, so gern man wieder zu Hause ist, die als Realismus firmierende Skepsis im eigenen Land ein wenig ernüchternd. Eine kurze Zeit lang hält der amerikanische Einfluss vor – dann hat Deutschland, Österreich oder die Schweiz einen wieder, und die Daheimgebliebenen holen einen auf den Boden der Tatsachen zurück. Oder das, was sie dafür halten.

Schade eigentlich. Denn das Land des Lächelns, des Lobens und der Superlative tut nicht nur der Seele gut. Der allgegenwärtige Sound des Wohlwollens fördert auch die Lebens- und Leistungsqualität.

Kaum zu glauben

Washington, National Gallery of Arts. Unter der Kuppel der neoklassizistischen Rotunda sammelt sich eine kleine Gruppe Besucher und wartet auf die nächste Führung. Man lächelt sich zu, zwei oder drei beginnen einen Smalltalk, die meisten bleiben auf Distanz. Kurz darauf kommt die Kuratorin hinzu, stellt sich vor und spricht die ersten der auf sie zukommenden Teilnehmer an:

»Where are you from?«

»New Mexico«, »Des Moines«, »Switzerland«, »Germany«, »Dublin«, »Oregon«, tönt es durcheinander.

»Excellent«, sagt die Führerin. Und: »Brilliant.« – »You are very welcome.« – »Where exactly is that?« – »Oh, really? That's great.« – »Welcome, welcome, come over here, everybody, will you please.«

Der enthusiastische Empfang zeigt Wirkung: Entspannte Gesichter, erwartungsvolles Interesse, Fragen schon auf dem Weg zum ersten Exponat, die Führung ist *off to a good start*. Der deutschsprachige Besucher sieht's mit Staunen.

Wie kann es sein, dass ein paar luftige Positivfloskeln genau jene Instant-Sympathie schaffen, die herzustellen einem selbst oft so schwerfällt?

Warum fühlen sich nicht nur die amerikanischen Teilnehmer der Führung davon angesprochen, die dergleichen gewohnt sind, sondern sichtlich auch die ganz anders geprägten nord- und mitteleuropäischen Museumsbesucher? Und wie kommt es, dass wir Kontinentaleuropäer zwar aufblühen angesichts der schnellen Herzlichkeit der Amerikaner, sie aber fast im gleichen Atemzug als oberflächliches Blendwerk abtun?

Denn, mal ehrlich, so toll wir es finden, wie die Amerikaner uns im Handumdrehen das Gefühl von Fremdheit nehmen, so sehr misstrauen wir dem Zauber: Irgendetwas stimmt nicht, kann nicht stimmen, wenn schon bei der rituellen Begrüßung – »How are you today?«, »*Good*, how are you?« – Wildfremde einander in den höchsten Tönen umgurren.

So viel fantastisch gute Laune ist uns Europäern eher fremd.

Deshalb können wir bis heute nachvollziehen, was die französische Schriftstellerin Simone de Beauvoir in den Vierzigerjahren in ihrem Reisetagebuch *Amerika bei Tag und Nacht* notierte: »Was das Alltagsleben in Amerika so angenehm macht, das ist die gute Laune und die Herzlichkeit der Amerikaner«, schrieb sie. Um dann, wie es viele USA-Besucher tun, umgehend einzuschränken: »Natürlich hat das auch seine Kehrseiten. Die unaufhörlich wiederholten gebieterischen Aufforderungen, ›das Leben von der guten Seite zu nehmen‹, fallen mir auf die Nerven. Auf den Reklamen, ob sie nun Quaker-Oats, Coca-Cola oder Lucky Strike anpreisen – welch eine Überfülle von schneeweißen Zähnen: Das Lächeln scheint ein Starrkrampf zu sein. [...] In einem *drugstore* lese ich auf einem Aushängeschild: *Not to grin is a sin* – nicht Lächeln ist eine Sünde. Man fühlt die Vorschrift heraus, das System. *Cheer up! Take it easy!* Dieser Optimismus ist für die soziale Ruhe und das wirtschaftliche Gedeihen des Landes unentbehrlich.«

Echt typisch

In Simone de Beauvoirs Worten klingt durch, was uns die an sich so gewinnende Art der Amerikaner bis heute suspekt macht: das ungute Gefühl, ihre offene Freundlichkeit könne aufgesetzt sein. Oder jedenfalls ein paar Schichten zu dick aufgetragen. Zumal die schnellen Freundschaften nicht halten, was sie zu versprechen scheinen.

Da hat man sich als USA-Neuling, ermutigt von den Fragen und Komplimenten der amerikanischen Gesprächspartner, allmählich warm geredet – nur um urplötzlich mit einem energischen »It was nice talking to you. Enjoy your day« verabschiedet zu werden. Der unvermittelte Abschied trifft wie eine kalte Dusche. War man nicht gerade dabei, sich näherzukommen?

Nicht nur Greenhorns sind irritiert. Selbst USA-Kenner bekennen sich dazu. Egal, wie viel interkulturelle Kompetenz man sich antrainiert – ein wenig gerät man doch aus dem Konzept, wenn amerikanische Geschäftspartner nach dem Talk über Baseball und Familie so tough verhandeln, als hätte man nicht soben noch miteinander gelacht und geflachst.

Kulturelle Prägungen schüttelt man eben nicht einfach ab. In Salzburg und Salzgitter tut man nicht einander im Lift schön, wenn es hinterher im Konferenzraum hart auf hart zu gehen verspricht. Man hält auf Abstand und bleibt förmlich-neutral. Zu den amerikanischen Kommunikationsmustern gehört es dagegen, auch Neulingen, Fremden und Konkurrenten ab Minute eins mit enthusiastischer Herzlichkeit zu begegnen.

Amerikanische Freundlichkeit ist somit kein Fake.

Wenn wir trotzdem dazu neigen, sie als Vorspiegelung falscher Tatsachen zu *empfinden*, hat das einen anderen Grund: Freundlichkeit und Enthusiasmus haben in den USA eine andere Bedeutung als bei uns:

Amerikaner fremdeln nicht. Sie verströmen Herzlichkeit nach dem Gießkannenprinzip, universell und unverbindlich.

Als Zeichen von *good will* wird ihre Liebenswürdigkeit und übrigens auch Hilfsbereitschaft Fremden und Freunden gleichermaßen zuteil. Sie gestatten sich kein Schlecht-drauf-Sein oder Sich-gehen-Lassen. Gespräche mit ihnen verlaufen selbstsicher und offen, bleiben aber kurz und für beide Seiten ohne weitere Verpflichtung.

Im Vergleich dazu strahlen Mitteleuropäer, allen voran wir Deutschen, Herzlichkeit eher nach dem Leuchtturmprinzip aus: punktuell und gebündelt, als Zeichen eines besonderen, gewachsenen Vertrauens, das wir bevorzugt ausgewählten Menschen entgegenbringen. Sind wir erst einmal aufgetaut (was dauern kann), ist der Austausch länger und intensiver, aber auch mit größeren Erwartungen befrachtet.

Wer den Unterschied versteht, kann die Herzlichkeit der Amerikaner ohne Misstrauen genießen als das, was sie ist: vertrauensvoll, großzügig und echt. Zu genau dieser Einschätzung gelangte übrigens auch Simone de Beauvoir: »Abgesehen von der Schönheit New Yorks bin ich doch einer Sache ganz sicher: Das ist die menschliche Wärme, die im amerikanischen Volk lebt.«

Yes, we can

Menschliche Wärme, Enthusiasmus und Optimismus sind die großen Stärken der Amerikaner. *New York Times*-Kolumnist David Brooks bringt es auf den Punkt: »Radikaler Optimismus ist Amerikas Beitrag zur Welt.« David Brooks bezieht den Satz auf Barack Obamas Außenpolitik des Aufeinander-Zugehens. Aber auch im ganz normalen amerikanischen Alltag ist notorischer Enthusiasmus ein Verhalten, das fast schon als Nationaltugend zelebriert wird. In der Kultkomödie *Dumm und Dümmer* nahm Regisseur Peter Farrelly seine Allgegenwärtigkeit auf die Schippe. Lloyd, ein von Jim Carey gespielter Versager, verliebt sich darin in die klassische Schönheit Mary Swanson. Die Schöne lässt ihn abblitzen: Die Chancen, dass ein Typ wie er und ein Mädchen wie sie zusammenkämen, lägen bei weniger als eins zu einer Million. »Das heißt also, ich habe eine Chance?«, schließt Lloyd daraus.

Auch die Amerikaner wissen: Man kann Optimismus und gute Laune auch übertreiben. Trotzdem gehören Herzlichkeit, ein Lächeln im Gesicht und eine enthusiastische Einstellung in der US-Mittel- und Oberschicht ebenso zur täglichen Routine wie die Sit-ups am Morgen und das Sportprogramm in der Mittagspause. *Good attitude* nennen die Amerikaner das Gesamtpaket.

Die Schwierigkeiten und Widrigkeiten des Lebens blenden sie deshalb nicht aus. »Ich schaue immer auf die optimistische Seite des Lebens«, sagte Mickey-Mouse-Erfinder Walt Disney, »aber ich bin realistisch genug, um zu wissen, dass das Leben eine komplexe Sache ist.« Auch der Durchsetzungsfähigkeit tut der freundliche Ton keinen Abbruch: »Ich habe den Ruf, sehr umgänglich zu sein. Aber innendrin bin ich hart wie Nägel«, erklärt Modeschöpfer Calvin Klein seinen Erfolg.

Das easy-going, die gelassene amerikanische Herzlichkeit, ist nicht naiv. Es ist eine hoch entwickelte Überlebens- und Erfolgsstrategie. Wer sie pflegt, arbeitet produktiver, lebt glücklicher und steckt andere damit an – zum Beispiel uns Europäer.

Dafür sorgt das menschliche Gehirn. Es ist so angelegt, dass bejahende Zuversicht zum Selbstläufer wird: Während Skepsis, Klagen und Bedenken einen Tunnelblick fördern, die Leistungskraft schwächen, die Stimmung trüben und auch den Rest der Welt herunterziehen, stimulieren zuversichtliche Gedanken und positive Worte das Gehirn, beflügeln die Kreativität und treiben Veränderung voran.

William James, der »Vater der amerikanischen Psychologie«, benannte den Zusammenhang, Jahrzehnte bevor Hirnscans Aufschluss über die Auswirkung von besserer und schlechterer Stimmung auf die Großhirnrinde gaben: »Für Erfolg und Scheitern ist die innere Einstellung entscheidender als das Können. Erfolgreiche Menschen handeln, als hätten sie etwas bewirkt oder würden sie etwas genießen. Bald wird es zur Realität. Handeln, schauen, fühlen Sie sich erfolgreich, verhalten Sie sich entsprechend, und Sie werden überrascht von den positiven Ergebnissen sein.«

Den Blick auf die Chancen zu lenken, Großtaten anzukündigen, zu reden und handeln, als sei ein Erfolg bereits eingetreten – das ist ein Konzept, das uns Germanen suspekt erscheint.

So kommt es, dass wir uns auf dem Weg zu mehr Glück und Leistung selbst ein Bein stellen. Im Land des *pursuit of happiness* ist die Konzentration auf die immer vorhandenen, aber nicht sofort erkennbaren Positivaspekte dagegen Pflicht. Das fängt mit Winzigkeiten an. »Nein, danke«, bedauern wir, wenn die Gastgeberin zum zweiten Mal die Platte mit den Schokomuffins herumreicht. Amerikaner verpacken den gleichen Inhalt ganz anders: »Thank you, I'm fine«, heißt es rituell – mir geht es gut. Das freut die Gastgeberin und schärft den Blick dafür, dass auch *ein* Schokomuffin eine schöne Sache ist.

Amerikanische Strahlkraft

Wenn man sich in den USA bewegt, sieht man immer gut aus, der Enthusiasmus der Gastgeber sorgt dafür. Der hörbar deutsche Akzent geht als irisch durch (»Are you from Ireland?«), Begegnungen mit noch so flüchtigen Bekannten sind Ego-Booster (»It's so good to *see* you«) und beim Golf kommentieren die Spielpartner selbst hoffnungslos verzogene Schläge gesichtswahrend als »nice try«.

Was uns Deutschen unsere Kritikfähigkeit, so scheint es, ist den Amerikanern ihr ansteckender Optimismus. Wichtig ist beides: Das eine fördert Mündigkeit und Qualität, das andere Ausstrahlung und Motivation. Zum Glück müssen wir uns, um das eine zu haben, nicht gegen das andere entscheiden: Es spricht nichts dagegen, uns von den USA abzuschauen, wie Strahlkraft geht. Hier sind fünf Besonderheiten, von denen wir Deutschen nicht wissen, ob wir sie gut finden sollen oder nicht.

Keep smiling. DAS KLISCHEE: Amerikaner sind Dauergrinser. DER WAHRHEITSGEHALT: Es ist tatsächlich eine kulturelle Besonderheit, das leuchtende Lachen, das jedes Problem zu überstrahlen scheint. Barack Obama hat es, Julia Roberts füllt die Leinwand damit, die Kennedys waren dafür berühmt und Theodore Roosevelt besaß es ebenfalls. »Breites amerikanisches Lachen. Er ist aber ein sehr verfeinerter Typus«, kommentierte Thomas Mann nach einem Dinner beim 26. US-Präsidenten. DER IMPULS: Während wir vornehmlich lächeln, wenn wir uns wohl fühlen und im vertrauten Kreis bewegen, strahlen die Amerikaner auch, wenn es ihnen mal nicht so gut geht oder sie jemanden noch nicht kennen und mögen. Wer sich davon anstecken lässt, merkt: Man muss keinen Anlass haben, um Menschen anzulächeln. Im Gegenteil: »You are never dressed without a smile«, heißt ein Filmsong von Martin Charnin. Ohne ein Lächeln bist du nicht angezogen.

Das XXL-Lob. DAS KLISCHEE: Amerikaner sind unkritisch und übertreiben gern. Was wir ganz nett finden, selbstverständlich oder kaum der Rede wert, feiern sie als *awesome, amazing* oder *absolutely phenomenal.* DER WAHRHEITSGEHALT: Die Amerikaner loben tatsächlich gern und viel und erwarten ihrerseits eine gehörige Portion Enthusiasmus für ihre Ideen und Errungenschaften. »Also hat er die Wohnung gekauft – und du wirst dort mit ihm leben?« will Miranda in *Sex and the City* von Carrie wissen,« und Zweifel liegt in ihrer Stimme. »Aber deine eigene Wohnung behältst du doch, oder?« Carrie ist gerade dabei ist, mit dem Mann ihres Lebens die Wohnung ihrer Träume (und die sämtlicher Zuschauerinnen dazu) zu beziehen und man sieht ihr an, dass sie von Mirandas Bedenken nichts hören will: »Miranda, bitte, ich habe noch nicht alle Details durchdacht – aber kannst du jetzt nicht aufhören, dich um mich zu sorgen, und einfach so reagieren, wie ich es möchte: eifersüchtig?« Miranda lächelt und spendet endlich das Lob, das wir als typisch amerikanisch empfinden: »Okay. Ich bin eifersüchtig. Du bist im Immobilienhimmel, und ich bin in Brooklyn.« DER IMPULS: Kritik ist gut gemeint, aber Komplimente tun einfach besser. Die Amerikaner sind darin groß. Nichts spricht dagegen, uns von ihnen abzuschauen, was uns manchmal fehlt: die Großherzigkeit, Erfolge und Anstrengungen wahrzunehmen und anzuerkennen: »I was impressed by your professionalism«. – »Thank you. I admire how you handled that.« Ein schnell dahingesagtes »Super« oder »Sehr schön, vielen Dank« wirkt im Vergleich dazu schal. Lassen Sie die Floskeln hinter sich, drücken Sie aus, was Sie bewundern, fassen Sie in Worte, dass Sie beeindruckt sind. Für behutsame Detailverbesserungen ist hinterher immer noch Zeit. Vermutlich stoßen Ihre Vorschläge sogar auf offenere Ohren.

Positive Energie. DAS KLISCHEE: Amerikaner sind selbstbewusst, laut und ein bisschen größenwahnsinnig. DER WAHRHEITSGEHALT: Im Heimatland von Marketing und Werbung ist *(self)presentation* ein wichtiger Teil der Überzeugungsarbeit. Zurückhaltung und Maß, wie sie der germanischen Mentalität entsprechen, empfinden Amerikaner deshalb schnell als langweilig und blass. Zur *positive attitude* gehört es, Energie auszustrahlen, mitzureißen und an sich zu glauben. IMPULS: Lebhaftigkeit ist kein Egotrip, es bringt auch andere zum Strahlen. Den Effekt beschreibt die amerikanische Autorin Sue Miller in ihrem Roman *The Senator's Wife*: »Beim Essen kam Meri in den Genuss von Delias lebhafter Aufmerksamkeit. Plötzlich sprach sie fast genauso detailliert von ihrer Arbeit, wie Nathan es von seiner getan hatte. Delia war ein Mensch, der sagen konnte: ›Faszinierend‹ und dir unversehens das Gefühl gab, dass dein Leben es tatsächlich war.«

Talk big! DAS KLISCHEE: In den USA ist vieles eine Nummer größer und man darf nicht alles für bare Münze nehmen, was Amerikaner so ankündigen. DER WAHRHEITSGEHALT: Aus unserer Sicht betrachtet nimmt man in den USA den Mund reichlich voll. Auch wenn eine Leistung noch in den Sternen steht, werden bereits große Worte bemüht. Man denke nur daran, wie Kennedy Anfang der 60er-Jahre eine bemannte Mondlandung als nationales Ziel verkündete – lange bevor klar war, wann, wie und ob eine solche Mission realisierbar sein würde: »We choose to go to the moon.« Nach dem gleichen Prinzip akzeptieren die Junganwälte in John Grishams Romanen mit ihren 90- und 100-Stunden-Wochen jede noch so gnadenlose Deadline mit »Sure. That's great«, krempeln die Ärmel hoch und legen los. DER IMPULS: Was in unseren Ohren großspurig klingt, spornt an. »Im Grund drücken Übertreibungen positive Ziele für die Zukunft aus«, sagt der englische Psychologe Richard H. Gramzow. »Wir haben festgestellt, dass diese Ziele in der Regel verwirklicht werden.«

Verbindlich unverbindlich. DAS KLISCHEE: Amerikaner schlagen gern private Treffen vor, doch die wenigsten davon kommen jemals zustande. DER WAHRHEITSGEHALT: Stimmt! Phrasen wie »I'll give you a call« oder »Let's get together sometime« sind nett gemeint, keine Aufforderung, unangemeldet bei jemandem hereinzuschneien. Eine ernst gemeinte Einladung erkennen Sie daran, dass eine verbindliche Verabredung mit Datum, Uhrzeit und Treffpunkt vereinbart wird. DER IMPULS: Ein Schuss Leichtigkeit tut jeder Beziehung gut. Denn ganz ehrlich: Meistens jonglieren wir beruflich, privat und im Netz ohnehin schon mehr Beziehungen, als wir handhaben können. Wenn Sie davon ausgehen dürfen, dass es Ihrem Gesprächspartner ähnlich geht, ist es ein sympathischer Zug, der spontanen Stimmung folgend zu signalisieren, dass man den Kontakt wirklich gern vertiefen würde – obwohl man im Grunde genau weiß, dass man am Ende doch wieder keinen Zeitslot dafür finden wird.

Handshake, Man Hug und High-Five

Genau wie Deutschland und Großbritannien zählen die USA zu den *non-touching countries,* den Ländern, in denen man einander nicht zu nahe kommt. Zudem lassen strenge Regeln zur sexuellen Belästigung schon harmlose Berührungen zu einer heiklen Angelegenheit werden. Andererseits zeigt sich Amerika der Welt als ausgesprochen *touchy-feely*: George Bush verpasste Angela Merkel eine Nackenmassage, Michelle Obama legte der Queen den Arm um die Schulter und Serienhelden wie Tony Soprano machen den *man hug*, die Umarmung unter Männern, so populär, dass *Time* bereits fragte: *Are Hugs the New Handshakes?* Nicht ganz. Aber kurze ritualisierte Formen des Körperkontakts gehören jenseits des Teichs zum guten Ton. Hier sind typisch amerikanische Rituale, die Nähe herstellen, ohne distanzlos zu wirken.

Der Clinton'sche Beidhänder. Bill Clinton beherrscht ihn wie kein Zweiter: den Händedruck, bei dem die linke Hand den Unterarm, den Bizeps, die Schulter des Gegenübers greift. Joe Klein verewigte Clintons gekonnten Handeinsatz in den ersten Absätzen seines politischen Schlüsselromans *Mit aller Macht*: »Er fasst dich am Ellbogen oder weiter oben am Bizeps – das sind Grundgriffe, reine Reflexe. Er interessiert sich für dich. Es freut ihn, dich kennenzulernen.« Gut zu wissen: Der Beidhänder ist nicht nur freundlich, sondern auch machtvoll. Er bleibt deshalb ein Privileg des Statushöheren und findet hauptsächlich unter Männern statt. Bei Frauen berührt die zweite Hand allenfalls den Unterarm.

Der klassische High-Five. Das Zusammenklatschen der erhobenen Hände ist eine Siegergeste – ein wirksames Mittel, einen Erfolg zu feiern oder sich vor einer Prüfung zu ermutigen. »High« bedeutet dabei die in die Luft erhobenen Arme, »five« steht für die fünf Finger der Hand. Die spontane Geste ist in den USA so allgegenwärtig, dass es Studenten der University of Virginia vor ein paar Jahren gelang, den dritten Donnerstag im April zum National High Five Day zu proklamieren. Überstrapazieren sollten Sie den High-Five trotzdem nicht: Fordert man ihn so immerwährend ein wie der Assistenzarzt Todd Quinlan in den *Scrubs*, gilt man auch unter Amerikanern schnell als penetrant.

Der Fi(r)st Bump. Ursprünglich war das Aneinanderstoßen der geschlossenen Fäuste im Sport und in ethnischen Gemeinschaften üblich. Doch seit Barack und Michelle Obama ihn vor einem Millionenpublikum austauschten, avancierte der *fist bump* zum *first bump*. Die Obamas adelten die Berührung zu einer Geste der Begrüßung und des Respekts unter Freunden und Kollegen – und einer Möglichkeit, als Paar Zuneigung zu zeigen, ohne konventionell zu wirken. »Very hip, very cool, an ›I'm-with-it‹ move«, kommentierte die Psychologin Judy Kurianski. Gut zu wissen: In einem Land, in dem die Furcht vor Keimen gleich hinter der Angst vor dem internationalen Terrorismus kommt, gilt der *fist bump* als hygienische Variante zu High-Five und Händedruck.

Der Man Hug. Bis vor wenigen Jahren gab es in den USA für echte Männer nur eine einzige Art der Begrüßung: den entschlossenen Händedruck. Seit ein paar Jahren schlägt der Trend um: Man schließt sich in die Arme, wenn man einander länger nicht gesehen, etwas zu feiern oder zu verzeihen hat, wenn der andere Vater wurde oder befördert, wenn man zusammen ein Projekt gestemmt hat – und natürlich und sowieso, wenn man miteinander befreundet oder verbrüdert ist. Die Männerumarmung wirkt zupackend und männlich, und wer sie noch nicht im Repertoire hat, findet auf amerikanischen Websites reichlich Bildmaterial, sie zu lernen. Gut zu wissen: Am unverfänglichsten beginnt der *man hug* mit einem festen Händedruck. Gleichzeitig schlingt man kurz die linke Hand um die Schulter des Gesprächspartners und klopft ihn zweimal auf dem Rücken. Dauert kaum länger als Händeschütteln, wirkt aber, wo es passt, zwangloser und jünger.

I am not too happy about it

Warum Angelsachsen von
»slight problems« reden, wenn sie
ein Riesendrama meinen

*E*in Hotelpool in Kalifornien, morgens um halbacht. Die ersten Hotelgäste ziehen ihre Bahnen. Der Pool ist lang, aber schmal, und so lässt sich nicht verhindern, was keinem gefällt: Zwei Schwimmer müssen eine der voneinander abgegrenzten Bahnen teilen – raumgreifend kraulend der eine, gemütlich sich fortbewegend die andere. Wirklich gut klappt das Zusammenspiel nicht. Als man sich schon zum dritten Mal in die Quere kommt, fragt der Krauler in jenem Ton, der im Englischen *in no uncertain terms* heißt: »Do you want to share the line? So, which side would you like?" Die Worte sind formgewandt gewählt, man verständigt sich freundlich und zuvorkommend überlässt der Krauler der weniger guten Schwimmerin die Seitenwahl. Der kurze Austausch ist typisch angelsächsisch: beherrscht, unaufgeregt und doch unmissverständlich. Sein Ausgang auch: Der Krauler weicht keinen Zentimeter, die Schwimmerin ist höflich-bestimmt in ihre Grenzen verwiesen. Dieses Kapitel ergründet, wie man jenseits von Kanal und Teich mit toughem Takt Konflikte löst.

Offenheit ist gut, Niceness auch

Fast 90 Prozent der Deutschen erklären Selbstbewusstsein und Durchsetzungsfähigkeit zu erstrebenswerten Eigenschaften. Das zeigt eine Studie des Allensbacher Instituts für Demoskopie. Nur halb so viele Menschen halten dagegen Anpassung und Bescheidenheit für Werte, die zu vermitteln von Bedeutung ist. Diese Wertvorstellungen spiegeln sich in unserem Kommunikationsverhalten wider: Wir sagen geradeheraus unsere Meinung, vertreten klar unseren Standpunkt, sehen mit geübtem Blick den Haken an der Sache und halten uns gern an konkrete Absprachen – immer überzeugt, nach der objektiv besten Lösung zu streben, die wir ganz genau zu kennen glauben, schließlich haben wir sie selbst erdacht.

Im englischsprachigen Ausland (und nicht nur dort) sind deutsche Muttersprachler für ihre zielstrebige Direktheit bekannt und mitunter berüchtigt.

Der Soziologe Erik Grawert-May führt unsere vergleichsweise un-verblümte Offenheit auf »die Sucht, mit sich identisch zu sein« zurück: Deutsche tendieren dazu, zu sagen, was sie denken, und finden es unaufrichtig, mit ihrer Meinung hinter dem Berg zu halten. Bücher und Seminare über Kommunikation verstärken das Verhalten, empfehlen sie doch eine möglichst direkte und konkrete Sprache als den erfolgsversprechendsten Weg, Informationen transparent zu machen und effektiv auszutauschen.

Ganz anders in den angelsächsischen Ländern: In Großbritannien und den USA fände man es ausgesprochen unkultiviert, wenn jemand sein Innenleben eins zu eins nach außen trüge. Bei den Briten gehört es fast zum Nationalcharakter, anderen Menschen und deren Gedanken Raum zu geben, niemanden in Verlegenheit zu bringen und die eigenen Bedenken nur verklausuliert zur Sprache zu bringen. Die Amerikaner halten eine Kultur des *easy-going* hoch: Statt das Klima mit Differenzen und Unzulänglichkeiten über Gebühr zu belasten, verständigt man sich lieber auf gemeinsame Ziele und Visionen, so uneins man sich über die Art ihrer Realisierung sein mag. Ob britische Zurückhaltung oder amerikanischer Pragmatismus – beides fördert einen vorsichtigen, abgefederten Gesprächsstil, bei dem niemand das Gesicht verliert und jeder die Haltung wahrt. Der englische Schriftsteller Alan Bennett bringt es auf den Punkt: »I'm all in favour of free expression provided it's kept rigidly under control.« Soll heißen: Freie Meinungsäußerung ja, aber möglichst hinter verschlossenen Türen, wo es niemand hört.

Unterschätzen darf man die Briten und Amerikaner deshalb nicht: So angenehm ihr Umgangston klingt, sie sind keine *push-*

overs, keine Schwächlinge, die man leicht herumkriegt. Ihre Egos und Egoismen sind genauso ausgeprägt wie unsere. Sie verstehen sich aber darauf, sich mit einer Mischung aus Niceness, Coolness und Fairness zu behaupten, die man als *sugar-coating* ablehnen – oder ins eigene Kommunikationsrepertoire aufnehmen kann. Denn:

Niceness *ist ein effektives Kommunikationsinstrument.*

Abgeklärte Rücksichtnahme besänftigt, nimmt Missstimmungen die Spitze und führt bei sensiblen und leicht erregbaren, eitlen und schnell gekränkten Gesprächspartnern eher ans Ziel als plumpe Direktheit. Schwer beizukommen ist ihr obendrein.

Die superhöfliche Art des Widerspruchs

Ein wunderbares Beispiel, wie Angelsachsen die Form wahren, auch wenn der Gesprächspartner sich als Ekel erweist, findet sich in dem Klassiker *Alice im Wunderland*. Bei einem ihrer surrealen Abenteuer trifft Alice auf eine Wasserpfeife rauchende Raupe, deren missmutiger Ton ganz und gar nicht der feinen englischen Art entspricht.

»Who are you?« said the Caterpillar.
    This was not an encouraging opening for a conversation. Alice replied, rather shyly, »I – I hardly know, sir, just at present – at least I know who I was when I got up this morning, but I think I must have been changed several times since then.«

»What do you mean by that?« said the Caterpillar sternly. »Explain yourself!«

»I can't explain myself, I'm afraid, sir« said Alice, »because I'm not myself, you see.«

»I don't see« said the Caterpillar.

»I'm afraid I can't put it more clearly« Alice replied very politely, »for I can't understand it myself to begin with; and being so many different sizes in a day is very confusing.«

»It isn't« said the Caterpillar.

»Well, perhaps you haven't found it so yet« said Alice; »but when you have to turn into a chrysalis – you will some day, you know – and then after that into a butterfly, I should think you'll feel it a little queer, won't you?«

»Not a bit« said the Caterpillar.

»Well, perhaps your feelings may be different« said Alice; »all I know is, it would feel very queer to me.«

Obwohl Alice erst zehn Jahre alt ist und ihr im Leben, wie es im Buch heißt, »nicht so viel widersprochen worden war«, beherrscht sie virtuos das milde Sprachverhalten, das die Briten der Upper Middle und Upper Class bis heute auszeichnet. Typische Stilmittel für diese höchst wohlerzogene Art der Selbstbehauptung sind unter anderem:

Abschwächer wie *perhaps, just, actually, I guess, you see* oder das allfällige *well*. Bei uns sind solche Einsprengsel als Unsicherheitsfloskeln verfemt. In den angelsächsischen Ländern gehören sie dazu – als Stilmittel, das den Ton mildert und den Gesprächspartner besänftigt: »I'm not myself, you see.«

Respekt vor der Sichtweise anderer. Auch wenn man selbst eine ganz andere Meinung hat, stülpt man sie dem anderen nicht über. Stattdessen bekundet man Verständnis, dass andere Sichtweisen als die eigene möglich sind: »Sie empfinden das vielleicht anders.«

Mit der eigenen Meinung muss man deshalb nicht hinter dem Berg halten: »Ich weiß nur, ich würde mich sehr seltsam dabei fühlen.«

Downgraders, die den Konflikt überspielen. »Well, perhaps you haven't found it so yet«, sagt Alice. Na ja, vielleicht haben Sie das noch nicht erlebt. Mit dem Einwand weicht Alice kein Inch vom eigenen Standpunkt ab. Trotzdem fällt der Ton ein paar Nummern nachsichtiger aus als in dem ebenfalls naheliegenden Satz: »Wollen Sie mir etwa unterstellen, ich bilde mir das alles ein?«

Rituelle Entschuldigungen, nicht weil man etwas falsch gemacht hätte, sondern weil man den Gesprächspartner enttäuschen muss oder seiner Erwartung nicht genügt: »Ich fürchte, ich kann es nicht deutlicher erklären.«

Eingehen auf die Gedankenwelt des Gesprächspartners. Weil die Raupe sie anscheinend nicht verstehen will, versucht es Alice mit einem Vergleich aus deren Welt: »Aber wenn Sie sich in eine Puppe verwandeln werden – das müssen Sie eines Tages, wie Sie wissen – und dann später in einen Schmetterling, dann wird Ihnen das vermutlich ein bisschen komisch vorkommen, meinen Sie nicht?«

Alice im Wunderland ist eine Geschichte, die der eigenbrötlerische Mathematiker Charles Lutwidge Dodgson alias Lewis Carroll 1865 für Kinder erfand. Dennoch kennzeichnet die höflich-verhaltene Sprache, die er Alice in den Mund legt, den britischen Kommunikationsstil bis heute – sofern man sich nicht gerade in den sozialen Brennpunkten von London oder Manchester bewegt.

Selbst in der gewiss nicht zimperlichen Hochfinanz wird er gepflegt. Auf dem Höhepunkt der Finanzkrise im Sommer 2009 zum Beispiel plädierte Adair Turner, der Chairman der Finanzaufsichtsbehörde FSA, für strengere Vorschriften zur Kapitalausstattung der Banken. Der Bankenverband formulierte daraufhin seine Empörung mit einer Zurückhaltung, wie man sie in der westlichen Welt so wohl nur in Großbritannien findet: »Wir sind uns nicht sicher, ob er hier die richtige Balance gefunden hat«, heißt es in einem Brief an den Vorstandschef der FSA. Man kann den Banken vorwerfen, was man will: Höflicher, englischer kann man Kritik nicht äußern.

Die Suche nach Gemeinsamkeit

Neben dem superhöflichen Widerspruch enthält das Schreiben des Bankenverbandes noch ein zweites Charakteristikum angelsächsischen Konfliktmanagements: die Suche nach dem gemeinsamen Nenner – dem *common ground:* »Die breiteren sozialen Auswirkungen solcher Entscheidungen müssen berücksichtigt werden«, geben die Banker zu bedenken. Wer kann dazu schon Nein sagen!

Am schnellsten findet man ein gemeinsames Interesse, indem man ein übergeordnetes Ziel beschwört, das alle Kontrahenten verwirklichen wollen – so erbittert sie über den Weg dorthin streiten mögen. Genau wie die britischen Banken bemüht deshalb auch der amerikanische Präsident gern den größeren Zusammenhang, *broader principles,* wenn es darum geht, politische Gegner ins Boot zu holen: »Mir geht es um das übergeordnete Prinzip, sicherzustellen, dass wir zu einem für alle Amerikaner gerechten Steuersystem kommen.« Mit diesen Worten umwarb er 2008 die Kritiker der von ihm angedachten Steuerreform. Das Zündstoffthema Reduzierung der Treibhausgase entschärft er mit dem gleichen rhetorischen Mittel: »Das übergeordnete Prinzip besteht darin, dass wir den Einstieg in eine neue Energieära finden müssen.« Sie merken:

Die Suche nach common ground *hat viel mit hehren Zielen und kraftvollen Visionen zu tun – und wenig mit zermürbenden Diskussionen und unglamouröser Kleinarbeit.*

Genau das, was wir Deutschen so gut beherrschen – das Ringen um Detaillösungen und konkrete Schritte –, stellen die Amerikaner leichter einmal hintan. Dafür sind sie uns im Beschwören der großen Linie voraus. Der Ansatz ist weniger naiv als er sich anhört: Zwar scheint die Konsensrhetorik oft die Grenzen des Machbaren zu verkennen. Doch das Land der unbegrenzten Möglichkeiten führt immer wieder vor: Hochgesteckte Ziele spornen an, geben Kraft und ermöglichen Leistungen, die niemand für möglich hielt – vom Hoover-Staudamm in der Weltwirtschaftskrise bis zum Wettlauf zum Mond im Kalten Krieg.

Zur angelsächsischen Streitkultur gehört es deshalb, im Interesse der Sache über kleinliche Konflikte hinwegzusehen. »(…) Angesichts der Rückkehr Lord Voldemorts sind wir so stark, wie wir einig, und so schwach, wie wir gespalten sind«, mahnt Dumbledore, Direktor der Zauberschule Hogwarts und allen Harry-Potter-Fans als mächtigster Magier der Gegenwart bekannt. »Unterschiede in der Lebensweise und Sprache werden uns nicht im Geringsten stören, wenn unsere Ziele die gleichen sind und wir den anderen mit offenen Herzen begegnen.«

Obama, Dumbledore – ob im realen Leben oder in der Literatur, vor allem die Mächtigen führen gern den Konsens im Mund.

Das mag auch daran liegen, dass sie es sich leisten können, schöne Visionen zu zeichnen und das Ringen um die Details den niedrigeren Chargen überlassen. Aber egal, auf welcher Ebene Sie verhandeln und diskutieren:

> *Wer eine gemeinsame Lösung anstrebt, darf den Dissens nicht zum Hauptthema machen.*

Stattdessen kann es strategisch von Vorteil sein, in wolkigen Worten das ins Bewusstsein zu rufen, was die Kontrahenten bei allen Unterschieden verbindet. In Sachen Konfliktmanagement und Diskussionskultur täte uns deshalb ein bisschen Entdeutschung gut. Einfach aus der Erkenntnis heraus, dass falsch verstandener Realitätssinn die Kluft eher vergrößert als verkleinert. Einende Zukunftsvisionen und diplomatisches Hinweggleiten über Unterschiede tragen dagegen dazu bei, Meinungsgegner ins Boot zu holen und ihr Wissen und ihre Ideen für innovativere Lösungen und kreativere Entscheidungen nutzbar zu machen.

Kleines Detail am Rande: Die auf Versöhnung und Verständigung ausgerichtete angelsächsische Konfliktkultur spiegelt sich auch in einer sprachlichen Nuance wider: Heißt es in Großbritannien oder den USA von jemandem, er sei *critical*, so bedeutet das nicht unbedingt, dass er alles infrage stellt – sondern dass er *entscheidend* oder *unersetzlich* ist. Anders als bei uns muss man also in Dublin oder Detroit nicht kritisch sein, um als *critical* anerkannt zu sein.

... und andere Methoden, Konflikte in Schach zu halten

»To disagree, one doesn't have to be disagreeable.« Mit diesem oft zitierten Satz brachte der US-Senator Barry Goldwater die angelsächsische Streitkultur auf den Punkt. Goldwater hatte seine Hochphase in den 50er- und 60er-Jahren. Sein in der Form unübersetzbares Bonmot dürfte heute den meisten besser bekannt sein als sein Name und erst recht seine Politik. Ob man bei William Shakespeare nachschlägt, bei Thomas Jefferson oder bei Nick Hornby, in Großbritannien und den USA hat die diplomatische Art der Konfliktlösung eine lange Tradition.

Hier sind fünf äußerst wirkungsvolle Möglichkeiten, mit Freundlichkeit ans Ziel zu kommen.

Gezähmte Gefühle: »Berührt mit mildestem Wort die herbsten Punkte, dass Ärger nicht das Übel mehre«, heißt es in Shakespeares *Antony and Cleopatra* (II,2). Die beschwichtigenden Worte, mit denen der Triumvir Lepidus die Kontrahenten Oktavius und Antonius zur Vernunft mahnt, bringen eine Grundvoraussetzung der Konfliktlösung auf den Punkt: Negative Emotionen und persönliche Angriffe sind ein *No-go*.

Eine Sarah Palin mag Barack Obama vorwerfen, »mit Terroristen zu klüngeln«, wer auf sich hält, vermeidet abfällige Äußerungen genauso wie alle Formen des *bickering, bitching* und *bashing* und pflegt den respektvollen Meinungsaustausch oder die Kunst des *bantering*, also der eleganten und vornehmen Retourkutsche. Winston Churchill verstand sich vollendet darauf. »Wenn Sie mein Mann wären, würde ich Ihnen Gift in den Kaffee tun«, forderte ihn eine Labour-Abgeordnete während einer Rede vor dem Unterhaus in London kühn heraus. »Wenn Sie meine Frau wären, würde ich den Kaffee trinken«, gab Churchill mit dem ihm eigenen kühlem Witz zurück.

Kleine Runden: Thomas Jefferson, der vierte amerikanische Präsident und Autor der Unabhängigkeitserklärung, war ein Meister darin, Konflikte klein zu halten. Zu seinen Kunstgriffen gehörte, Kabinettssitzungen auf ein Minimum zu beschränken. Überzeugt davon, dass Menschen, die zusammen festlich gespeist haben, einander kaum am nächsten Tag im Kongress an die Gurgel gehen, lud er stattdessen politische Freunde und Gegner zu gepflegten Dinner-Partys ein. Politische Debatten waren dabei höchst ungern gesehen. Ein anderes Lieblingsinstrument waren Aussprachen im kleinsten Kreis hinter den Kulissen statt in der großen Runde: »Die Methode, sich separat zu beraten«, so seine Theorie, »vermeidet unerquickliche Auseinandersetzungen.« Könnten sich Unternehmen des 21. Jahrhunderts Jefferson als Consultant ins Haus holen, würde er wohl als Erstes dem Meeting-Elend ein Ende bereiten und stattdessen auf den Vorteil getrennter Aussprachen verweisen.

Konfliktfreie Nischen: Wer Hauen und Stechen nicht mag und sich nur ungern mit Menschen abstimmt, die anders denken und leben, ist in den angelsächsischen Ländern gut aufgehoben: Die Engländer haben das Prinzip der Clubs erfunden und ein vielfältiges Angebot von Country-, Charity- und Alumni-Clubs, Privatschulen und Gated Communities, Fraternities und Sororities, Kunstzirkeln und Lesegruppen vermittelt jedem, der nur will, das gute Gefühl, sich unter seinesgleichen zu bewegen. Viel stärker als in unseren Gefilden pflegen und akzeptieren Briten und Amerikaner die Tradition, sich abzugrenzen. Man kann den Rückzug in die eigene Interessenwelt einerseits als exklusiv und abgeschlossen brandmarken. Man kann sie aber andererseits auch als pragmatische Möglichkeit sehen, die Gesellschaft von Menschen zu suchen, deren Lebensstil, Interessen, Habitus und Werte man teilt. »Es ist Unsinn, zu behaupten«, schreibt der Kultautor Nick Hornby in *High Fidelity*, »eine Beziehung hätte eine Zukunft, solange die Plattensammlungen ganz und gar nicht harmonieren und die Lieblingsfilme sich nicht grüßen würden, wenn sie sich auf einer Party träfen.« Hornbys Beobachtung gilt natürlich nicht nur in der Liebe: Sich möglichst oft mit Gleichgesinnten zu umgeben ist in jedem Lebenszusammenhang die eleganteste Art, Harmonie herzustellen.

Den Weg des geringsten Widerstands gehen: Im Deutschen hat das Wort *konziliant* den Beigeschmack des allzu Entgegenkommenden, und sich nicht festzulegen gilt als charakterschwach. Briten und Amerikaner denken pragmatischer. Anders als wir legen sie wenig Wert darauf, jede Unstimmigkeit zu thematisieren, und halten mit der eigenen Meinung lieber einmal hinter dem Berg. »Is that so?« heißt es dann verhalten, »right«, »quite« oder »Oh, do you.« Die Laute der Zustimmung entsprechen unserem »Tatsächlich?« oder »Genau«, bedeuten rein gar nichts und sind ein probates Mittel, das Klima zu pflegen und die eigenen Nerven zu schonen.

Das Nein verbrämen: Nein heißt nein, auch in Großbritannien und erst recht in den USA. Es präsentiert sich nur weniger nackt als bei uns. »I wonder if this is really the best approach«, zögert eine Kundin. »You might want to go into a little more detail here«, schlägt der erfahrene Kollege vor. »I need you to make some adjustments to your diet«, formuliert die Hausärztin. In deutschen Ohren klingen die wortreichen Hinweise harmlos: Eine kleine Retouche hier, eine minimale Nachbesserung da, völlig normal, wenn man zusammen ein komplexes Projekt bearbeitet und nach der optimalen Lösung strebt.

No way! **Im Englischen bedeuten die höflichen Sätze mehr und Ernsteres.**

»*Sorry to hear that*«, kommentiert Senior Partner Bertram Cooper in der TV-Serie *Mad Men* die Absicht seines Kreativdirektors, einen seiner Kontakter, Pete Campbell, vor die Tür zu setzen. Campbell hatte einem Werbekunden unabgesprochen eine eigene Idee präsentiert und damit eine eherne Regel der Branche verletzt. Im nächsten Satz wird Cooper eine Spur deutlicher: »*I wish I could agree with that.*« »*What's your concern?*«, will Draper wissen. Cooper bringt daraufhin Campbells gesellschaftliche Verbindungen ins Spiel: Mit ihm als Person verlöre man auch den Zugang zu den Schaltstellen von Einfluss und Macht. »*I don't think any of us want that*«, gibt Cooper zu bedenken. »*See my point?*«

Andeuten, durchblicken lassen, zu verstehen geben (»Ich glaube, das will keiner von uns«) – uns Deutschen erscheint so viel Verhüllung kompliziert und nicht ganz ehrlich. Doch wer den Code spricht und versteht, weiß ihn zu schätzen: Niemand muss deutlich werden, keiner verliert das Gesicht, das gute Klima bleibt erhalten. »*You know how much we want you here with us*«, beendet Cooper das Gespräch. »*No doubt about that.*« Die Aussage ist wertschätzend und warnend zugleich. Was wieder einmal zeigt: Angelsächsische Kommunikation ist wie ein großer, reifer Pfirsich: außen samtig, innen beinhart.

Wie man sich durchsetzt, ohne aggressiv zu werden

Die Briten hätten kein Kolonialreich, die Amerikaner nicht Kontinent, Weltraum und Cyberspace erobert, wenn ihnen Durchsetzungskraft, *assertiveness*, ein Fremdwort wäre. Zwar zeugt ein milder Umgangston in Bath genau wie in Boston von Status, Rang und Klasse. Soft in der Sache sind die Angelsachsen aber deshalb nicht. Sie trennen nur wesentlich deutlicher als wir zwischen Inhalt und Ton.

Heraus kommen Formulierungen, die einer guten Zahnbehandlung entsprechen: Sie sind so behutsam wie möglich, aber bohrend genug, um zur Wurzel des Übels vorzudringen.

»Sally, I'm concerned your plan might take us over budget. Could you find a way of reducing the costs?« Genau die gleiche Art von Sprache gibt es auch bei uns. Doch sie gilt als zu weiblich und weich, um als produktive Spielart von Kommunikation begriffen zu werden. Auf machtvolle Sprachgesten getrimmt, verschenken wir die Chance, Anordnungen und Impulse in versöhnliche Worte zu kleiden.

Schade eigentlich. Denn wer mit teutonischer Direktheit den Finger in die Wunde legt (»Wie soll das denn gehen? Das sprengt doch jedes Budget!«), setzt die eigene Meinung über alles und nimmt verletzte Gefühle bei anderen billigend in Kauf. *Assertiveness* nach angelsächsischem Vorbild funktioniert anders: Es wird dabei zwar auch um die Durchsetzung eigener Ziele gerungen, aber maßvoll und mit Respekt vor der vielleicht sehr anderen Meinung des Gegenübers: »Könnten Sie denn eine Lösung finden, die Kosten zu senken?« So formuliert klingt der Einwand fast wie die Art von Frage, wie sie im Coaching gestellt wird: Sie führt weg vom eigentlichen Problem und schafft Raum, neue Wege zu erkunden, an die bisher vielleicht weder die eine noch die andere Seite gedacht hat.

Zu den wichtigsten Fähigkeiten von *assertiveness* gehört es, die eigenen Ziele auch dann noch zivilisiert und höflich zu verfolgen, wenn ein Gesprächspartner sich anmaßend oder aggressiv verhält. Am besten unterdrückt man den ersten aufbrausenden Impuls und denkt ein bisschen um die Ecke. So wie Mr. Knightley in Jane Austens *Emma*: Natürlich ärgert er sich, dass Mrs. Elton, die Frau des Vikars, sich anmaßt, die Gästeliste für einen von ihm geplanten Ausflug zusammenzustellen. Doch als wahrer Gentleman findet er einen formvollendeten Dreh, die Lady elegant in die Schranken zu weisen:

»I hope you will bring Elton, but I will not trouble you to give any other invitations.«

»Ich hoffe, Sie bringen Elton mit, aber weitere Einladungen zu machen will ich Sie nicht bemühen.«

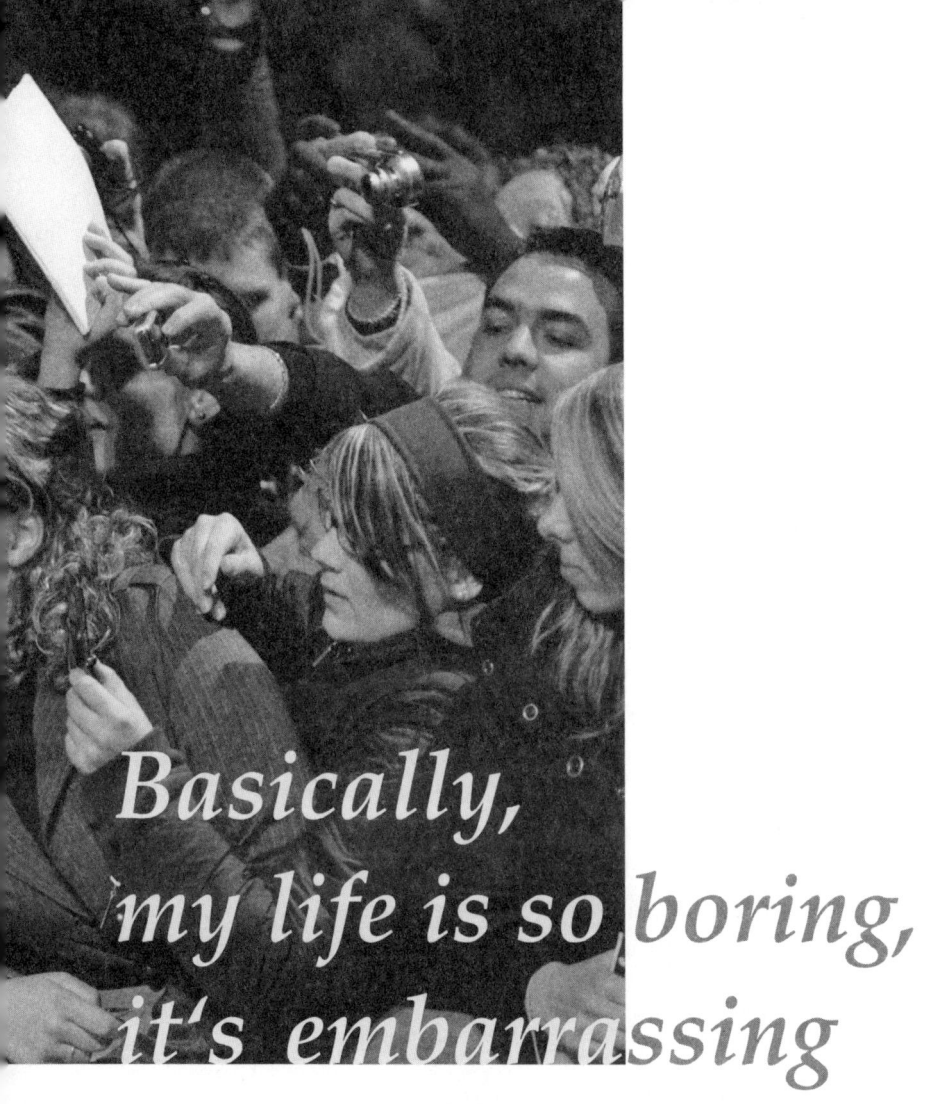

Basically, my life is so boring, it's embarrassing

Wie man mit Understatement Klasse zeigt

Neben Smalltalk und Fairplay gehört es zu den prägenden Größen des britisch-amerikanischen Kommunikations- und Verhaltensstils: das Understatement, die Kunst des Sich-nicht-ganz-so-wichtig-Nehmens. Alle drei angelsächsischen Ideale des guten Tons lassen sich nur unzulänglich ins Deutsche übersetzen. Deshalb haben selbst Anglizismenkritiker nichts gegen ihre Einbürgerung einzuwenden. Alle drei gelten auch bei uns als Ausweis von Klasse und Inbegriff eines gewissen Etwas. Aber von allen dreien ist keines so schwer zu fassen und zu erlernen wie das Understatement.

Denn Understatement kann alles Mögliche bedeuten – von der Eigenart, eigene Leistungen und Errungenschaften bis zur Unkenntlichkeit zu untertreiben, bis hin zu der Fähigkeit, selbst der größten Katastrophe gelassen zu begegnen. Darüber hinaus wohnt dem Understatement eine durchaus paradoxe Logik inne: Ob es der schlichte Look von Audrey Hepburn ist oder die komische Ungeschicklichkeit von Hugh Grant – nicht selten besitzen Menschen, die sich zurückhaltend, selbstironisch und eine Spur unsicher geben, besonders viel Stil und Erfolg. In diesem Kapitel geht es darum, wie man Größe zeigt, indem man um Erfolg und Status so wenig Aufhebens macht wie um Widrigkeiten und Probleme.

Weniger sagen, als man meint

Ähm, eigentlich, irgendwie, nicht wirklich, vielleicht – im Deutschen gelten Füllwörter und Ungenauigkeiten als funktionsloser Sprachmüll, erzeugt von Menschen, die sich nicht sicher sind, Festlegungen scheuen und so undiszipliniert reden wie sie denken. Uhm, maybe, sort of, actually, a bit – in Großbritannien gehören relativierende Äußerungen so unangefochten dazu wie gewagte Hüte nach Ascot und Erdbeermarmelade zu *clotted cream*.

Sogar der in den USA als Nationalheiligtum verehrte Mark Twain beschreibt in *Huckleberry Finn* ein leises Lachen wortreich als »a little kind of a low chuckle«. Gesteht man zu, dass Amerikas größter Schriftsteller weiß, was er tut, hat man hier den Beweis: Es muss mehr dran sein an Füllwörtern, als der bescheidene Ruf ahnen lässt, den sie bei uns genießen. Ist es auch. In den angelsächsischen Ländern zeugen sie als Weichzeichner und Bescheidenheitsfloskeln von Zurückhaltung und einer selbstbewussten Identität:

Weder macht man die eigene Meinung zum Maß der Dinge noch hat man es nötig, die eigene Ansicht mit aller Macht zu vertreten.

Angelsachsen, allen voran die Briten, drängeln sich in der Schlange nicht vor und im Gespräch niemandem ihre Erfolge und Meinungen auf. Durch sogenannte Heckenausdrücke, *hedges,* sichern sie sich ab und gehen angenehm auf Abstand. Zu den sprachlichen Hecken gehören die bereits genannten abschwächenden Ausdrücke wie *in a way, kind of* oder *perhaps,* Modalverben und -wörter wie *may, might* oder *I think* sowie doppelte Verneinungen wie *not bad* oder *I wouldn't say no,* die eigentlich »ganz toll« bedeuten oder »unbedingt, auf jeden Fall«. Auch die Vermeidung der Personalpronomen *you* und *I* durch unpersönliche Phrasen wie *it appears that* ist ein Stilmittel, die persönliche Beziehung zu schützen.

Natürlich wachsen alle diese sprachlichen Hecken auch bei uns. Auch unsere Rede ist durchsetzt von *man könnte, oder so* und *vielleicht.* Doch während die Angelsachsen Heckenausdrücke als von Toleranz und Verständnis kündendes Hintergrundsignal kultivieren, gelten sie bei uns als unerwünschter Wildwuchs. Sprachbewusste Deutsche halten deshalb auch die mündliche

Kommunikation möglichst davon frei. Bei den Angelsachsen ist es umgekehrt:

Eine suchende Ausdrucksweise wird als Tugend empfunden – weil sie den Eindruck von Zurückhaltung und Nonchalance vermittelt.

Die Unterschiede sind gravierend: Das Essen war schrecklich, entrüsten wir uns, schließlich wissen wir, wie man niveauvoll speist. »Uhm, I'm not sure I would eat there again«, verklausulieren die Briten, und man könnte kalauern, sie redeten um den versalzenen Saibling herum.

Nach dem gleichen Muster kommentiert man in der Sprache des Understatements eine Prüfung, die man brillant bestanden hat, mit »I did pretty okay«; ein Chef, der unsereinen in den Wahnsinn treibt, ist »somewhat difficult«; ein inakzeptabler Vorschlag wird mit den kryptischen Worten abgelehnt »Maybe we should think it over«; und als nach 94 *Sex and the City*-Folgen der Moment gekommen ist, wo Mr. Big um Carries Hand anhält, wählt er dafür die Formulierung, es würde ihm nichts ausmachen, mit ihr verheiratet zu sein: »I wouldn't mind being married to you. Would you mind being married to me?«

Die Wahl des leisestmöglichen Ausdrucks steht nicht nur Mr. Big gut zu Gesicht. Sie lässt jeden elegant und charmant wirken, der inmitten der Kakophonie der Wichtigtuer, Scharfmacher und Selbstdarsteller darauf verzichtet, große Töne zu spucken.

Sicht ist gut. Schutz auch.

Der verschieden ausgeprägte Gebrauch von Heckenausdrücken im Englischen und im Deutschen erinnert an die Unterschiede zwischen der englischen und französischen Gartentradition: Während sich englische Landschaftsgärten wie Sissinghurst möglichst natürlich und informell geben, beeindrucken klassische französische Gärten à la Versailles durch strenge Formgebung und lineare Klarheit. Schön und erstrebenswert kann beides sein – und genau das Gleiche gilt auch für die englisch-deutschen Unterschiede im Umgang mit sprachlichen Hecken. Es gibt keinen besseren oder schlechteren Weg, je nach Situation ist mal der eine nützlicher, mal der andere. Zum Glück müssen wir uns in unserem Sprachverhalten nicht so abschließend festlegen wie bei der Gartengestaltung.

Wir können, was im Leben nicht so häufig vorkommt, have the cake and eat it, too. Wir können mal teutonisch gradlinig formulieren und mal angelsächsisch verbrämt.

Die Kunst besteht lediglich darin, zu unterscheiden, wann sich das eine empfiehlt und wann das andere: Rein sachlich betrachtet legt man am besten möglichst wenige Hecken an und sagt direkt, was man meint: »Bitte korrigieren Sie die Pläne bis morgen.« Auf diese Weise bleibt der Blick frei. Allerdings werden eisige Winde auch nicht abgeschirmt. Diesen unverstellten Stil bevorzugen wir Deutschen.

Anders verhält es sich, wenn man die Einsicht und Kooperation des Gegenübers gewinnen möchte. Dann eignen sich sprachliche Hecken, wie sie die Engländer und übrigens auch die traditionell verbindlicher formulierenden Österreicher und Schweizer großzügig anlegen, perfekt dazu, das Problem zu vernebeln und so die Beziehung zu schützen: »Uhm, it might be a good idea to go over those plans once more.« Hm, vielleicht wäre es eine gute Idee, die Pläne noch einmal durchzugehen.

Die wolkige Formulierung deutet, was ein Nachteil sein kann, den Knackpunkt nur an, schont aber das Ego des Kritisierten.

An diesem Punkt bietet uns das angelsächsische Understatement eine Chance, auch im eigenen Land eine zweite Dimension des Denkens und Sprechens hinzuzugewinnen. Vor allem wenn Sie als Vorgesetzter oder Auftraggeberin den höheren Rang im Gespräch einnehmen, wirkt es gelassen und sympathisch, Bedenken und gegenläufige Vorstellungen behutsam zu formulieren: »Vielleicht liege ich ja komplett falsch, aber könnte es nicht auch sein, dass …?« Aussagen dieser Art geben die Richtung vor, ohne sie lauthals einzufordern. Hat Ihr Gesprächspartner Ohren, um zu hören, wird er die Aussage zu deuten wissen: als gesichtswahrend formulierte, aber sehr ernst gemeinte Aufforderung, sich noch einmal Gedanken zu machen. Briten und Amerikanern jedenfalls ist völlig klar: Folgt auf ein »Ja« ein *Vielleicht* oder *Es könnte sinnvoll sein*, ist die Wahrscheinlichkeit groß, dass der Gesprächspartner »Nein« meint oder jedenfalls eher zu einer Absage als zu einer Zusage tendiert.

Weniger zeigen, als man (drauf) hat

Hierzulande gehört die allzu offensive Selbstdarstellung zu den häufigsten Fauxpas erfolgreicher Menschen. Vor allem Männer ab einem gewissen Alter könnten laut Isa von Hardenberg, Event- und Stilexpertin der Berliner Gesellschaft, eine deutlich bessere Wirkung erzielen, wenn sie »endlich aufhörten, sich unaufhörlich selbst zu loben«.

Denn selbst wenn man unterstellt, dass Eigenlob stimmt – Understatement gewinnt.

Kostprobe um Kostprobe dafür liefert der britische Schauspieler Hugh Grant, der das Tiefstapeln zu seinem Markenzeichen macht und von sich sagt, sein Leben sei im Grunde so langweilig, dass es schon peinlich sei. Bloß nicht mit dem eigenen Erfolg angeben, diesen Stil pflegte auch James-Bond-Erfinder Ian Fleming: »Ich bin nicht in der Shakespeare-Liga. Ich habe keinerlei Ehrgeiz«, sagte der Autor von *Feuerball* und *Casino Royal,* als hätte er nicht bereits zu Lebzeiten 40 Millionen Bücher verkauft. In noch mehr Selbstverleugnung übt sich die Figur des Detective Inspector Thomas Lynley in den Kriminalromanen von Elizabeth George, die mittlerweile auch für das Fernsehen verfilmt wurden. Seinen Familienstammsitz in Cornwall bezeichnet er wegwerfend als »family pile«, und höchstens Eingeweihte sind informiert, dass der scharfsichtige Ermittler als der achte Earl of Asherton dem britischen Adel angehört. Aber nicht nur was man sagt, zählt, auch das Wie ist wichtig:
Bei Jacqueline Kennedy drückte sich die Vorliebe für leise Töne unter anderem in ihrer betont sanften, zögernden Stimme aus. Einen Eindruck davon bietet ihre legendäre White House Tour im Februar 1962. Die für das Fernsehen aufgezeichnete Führung durch die Räume des Weißen Hauses trug Jackie Kennedy einen Emmy ein und verzeichnet inzwischen fast 200.000 Youtube-Aufrufe.
Ein Golden-Globe-Preisträger, der Erfinder einer Kultfigur, ein

fiktiver Aristokrat, eine First Lady – Understatement, so scheint es, ist eine Art Geheimcode derer, die ohnehin schon besonders erfolgreich sind. Ja und nein. Es stimmt:

Understatement signalisiert Größe: Der englische Adel pflegt es, die amerikanische Ostküstenelite gefällt sich darin und Bill Gates und die Obamas beherrschen es auch.

Wer ohnehin ganz oben steht, so könnte man argumentieren, der hat es nicht nötig, andere mit Hochstatusgetue zu beeindrucken. Für den ist es einfach, diskret mit Besitz und Erfolg umzugehen, sich sympathisch unprätentiös zu geben und das Erreichte ironisch herunterzuspielen. Nelson W. Aldrich jr., Enkel eines führenden amerikanischen Politikers, ergründete in seinem Buch *Old Money* den Habitus mit feiner Ironie: »War der Wohlstand einmal vorhanden gewesen, sodass man ihn wahrgenommen hatte, [...] hat er sich diskret hinter den Schleier der Zeit zurückziehen und wie die Cheshire Cat, die grinsende Katze aus *Alice in Wonderland*, zu verschwinden, sodass nichts als ein Lächeln bleibt.«

Doch Understatement bleibt nicht den Erfolgsmenschen *on top of the world* vorbehalten. Es zählt zu den Tugenden des Gentleman – und der zeichnet sich mehr durch Rücksichtnahme und Zurückhaltung aus als durch Wohlstand, Herkunft und Spitzenerfolg (wobei natürlich das eine das andere nicht ausschließen muss).

»I can make a lord, but only God can make a gentleman«, beschrieb König James I von England den Unterschied zwischen Adel und edel.

Dass das Statement gut und gerne 400 Jahre alt ist, tut seiner Aktualität keinen Abbruch: Statt dick aufzutragen und sich selbst als höher stehend zu inszenieren, nimmt sich der Gentleman (und die Gentlewoman natürlich auch) zurück, stellt niemanden bloß und sticht keinen aus. Aus der nicht ohne Hintergedanken kultivierten Haltung erwächst eine Art von Ansehen, die kein Eigenlob, Einkaräter oder Edelschlitten verleiht.

Bescheidenheit ist eine Zier

Egal, ob man schon oben ist oder erst auf dem Weg dorthin – die Mischung aus Zurückhaltung und selbstverständlichem Selbstbewusstsein erweist sich als wirksame und obendrein sympathische Art, Erhabenheit zu zeigen. Sie kostet nichts und wirkt trotzdem großzügig; sie setzt keinen XXL-Erfolg voraus und zeugt dennoch von Überlegenheit: Unaufdringlicher als käufliche Statussymbole suggeriert Understatement Tradition und Klasse und hebt die, die es pflegen, aus der Masse der Angeber, Lauttöner und Selbstdarsteller heraus. Allerdings will Understatement gelebt sein, wenn es beiläufig wirken soll. Denn:

Echtes Understatement geht weit über Bescheidenheitsfloskeln hinaus: Es ist eine Lebenshaltung, die der Versuchung, zur Schau zu stellen, was man (drauf) hat, meistens widersteht.

Wie es sich ausdrückt, kann man sehr schön bei dem amerikanischen Autor George Howe Colt nachlesen. In seinem Buch *The Big House,* eine Geschichte über das einst noble, inzwischen aber heruntergekommene Sommerhaus seiner Familie auf Cape Cod, porträtiert er seinen Vater beim Tennisspiel. Obwohl der zu den erfolgreichsten Spielern der Insel zählte, war es ihm ein Hauptanliegen, dass seine Mitspieler eine gute Zeit hatten. Er kam in durchlöcherten Segeltuchschuhen und mit einem Holzracket auf den Platz, das schon bessere Tage gesehen hatte, überließ grundsätzlich seinen Gegnern die Seitenwahl, lobte jeden guten Schlag, schonte schwächere Spieler und war unweigerlich derjenige, der nach dem Match die Feldlinien kehrte. »Dads Sportgeist war weder einstudiert noch gewollt, er war natürlich, selbstverständlich«, resümiert der Sohn.

Wie jeder, der das Understatement pflegt, musste allerdings auch Colts Vater damit leben, dass es Menschen gibt, die es unprofessionell und töricht finden, wenn jemand sein Licht unter den Scheffel stellt. Selbst in den Ländern, die das Understatement erfunden haben, ist man sich deshalb bewusst:

Auf die Nuancierung kommt es an.

Ein bisschen zu viel, schon wirkt man unfähig, noch eine Spur mehr, und man präsentiert sich, als hätte man den Bezug zur Realität verloren. Womöglich macht man sogar den Eindruck, man wolle den Gesprächspartner veralbern. Understatement will also achtsam und mit Verstand eingesetzt werden. Wenn das gelingt, adelt es zu jener statussicheren Form des Tiefstapelns, die Erfolg unangestrengt wirken lässt, und den, der ihn hat, zugänglich und vornehm zugleich. »I write out of ignorance«, sagt Nobelpreisträgerin Toni Morrison mit der Offenheit von Menschen, die bei allem Erfolg wissen, dass sie nicht perfekt sind: »I write about the things I don't have any resolutions for, and when I'm finished, I think I know a little bit more about it.« »Ich schreibe über die Dinge, für die ich keine Lösungen weiß, und wenn ich fertig bin, weiß ich ein bisschen mehr darüber.«

Weniger Drama, mehr Queen

»We are not amused«, heißt der Standardsatz, mit dem man im englischen Königshaus traditionell jede Art von Katastrophe kommentiert, von der Affäre des Thronfolgers Edward mit der geschiedenen Amerikanerin Wallis Simpson in den 40er-Jahren bis zum öffentlich zelebrierten Scheidungskrieg zwischen Prinz Charles und Prinzessin Diana in den 90er-Jahren.

»Houston, wir haben ein Problem«, meldete am 14. April 1970 Apollo-13-Kommandant James A. Lovell. Mit historischem Understatement kündigte er an, was drei Tage lang die Welt und das Bodenteam der NASA in Atem hielt: Ein Sauerstofftank war explodiert und die dreiköpfige Crew trieb Tausende Meilen von der Erde entfernt in einer winzigen Metallkapsel im All umher. Bis zuletzt blieb unklar, ob es ihnen gelingen würde, sicher nach Hause zu gelangen.

Angelsachsen verstehen sich darauf, Haltung zu bewahren. Besonders die Briten sind bekannt für ihre stiff upper lip, die Fähigkeit, Krisen herunterzuspielen und niemanden mit eigenen Problemen zu belasten – not to make a fuss of it.

Allerdings ist die Nationaleigenschaft heute weniger ausgeprägt als noch vor ein paar Jahrzehnten, und auch die Londoner und Liverpooler gehen nicht mehr so stoisch über Glück und Unglück hinweg, dass es auf Festlandbewohner fast schon gefühlskalt wirkt. Allgemeiner Einschätzung zufolge wurde die Kulturverschiebung durch den Tod von Prinzessin Diana ausgelöst.

In dem Film *Liebe auf den zweiten Blick* sucht die Schauspielerin Emma Thomson nach Worten für die neue Offenheit: »Unsere

Nation hat sich verändert. Als Prinzession Diana starb, waren wir alle … irgendwie … tränenzerflossen. Da war nichts mehr von unerschütterlicher Haltung zu spüren.« Tatsächlich scheint die Verbissenheit zurückzugehen, die Thomson im Film »this kind of a clenched thing« nennt und privat durchaus kritisch kommentiert: »It is true that an awful lot of British men are a bit kind of closed down.« *A bit kind of closed down* – irgendwie ein bisschen verschlossen – hier haben wir sie wieder, die Unsicherheitsfloskeln, die es ermöglichen, Kritik in Watte zu packen.

Mehr als früher lassen die Briten ihren Gefühlen freien Lauf. Doch auch wenn die *Daily Mail* bereits das Wort von *Blubbing Britain* prägte, ist man auf der Insel so weit vom deutschen Hang zum Jammern entfernt wie Birmingham von Bielefeld. (Nein, dafür gibt es keinen empirischen Beweis. Doch es spricht Bände, dass die Wendung *German angst* als einer von vergleichsweise wenigen Germanismen Einzug in die englische Sprache gehalten hat.)

Neigen wir bei Unsicherheiten und Krisen zum Overstatement (Klimakatastrophe! Altersarmut! Bildungs-GAU!), bedeutet in Großbritannien der Satz »I've had a bit of an accident« mit einiger Wahrscheinlichkeit, dass der, der ihn sagt, in der Klinik und sein Auto auf dem Schrottplatz liegt. Noch immer gehört es zum guten Ton, eigene Großtaten abzuschwächen: »Anyone else would have done the same thing«. Und wie gehabt ringen Briten und Amerikaner ungewissen Verhältnissen und verfahrenen Situationen um ein paar Grade cooler als wir jene amüsierte Distanz ab, die den Umgang mit kleinen und großen Stolperfallen des Lebens erleichtert. »Niemand freut sich darauf, 50 zu werden«, sagt Hugh Grant über seinen bevorstehenden Geburtstag. »Aber der Gedanke bringt mich nicht um. Ich find' ihn bloß unangenehm.«

Die Reaktion ist sehr englisch. Man sieht den Tatsachen ins Auge. Aber man spielt nicht zum Drama hoch, was sich nicht ändern lässt.

Eine Ausnahme gibt es allerdings: Es zeugt von Klasse, Privates für sich zu behalten und Probleme in die leisestmöglichen Worte zu kleiden: »Das ist nicht ganz nach meinen Vorstellungen gelaufen« statt »Das ist eine Katastrophe.« Das Unglück anderer verdient dagegen Respekt und Mitgefühl. Bei allem nationalem Hang zum Understatement fragt man sich deshalb auch jenseits von Atlantik und Kanal, was George Bush sich wohl dabei dachte, als er seine Gefühle nach den Ereignissen des 11. September 2001 mit dem Satz zusammenfasste: »Auf jeden Fall war es ein interessanter Tag.« Understatement ist eine großartige Eigenschaft, wenn man die eigene Traurigkeit herabspielt. Fremdes Leid verharmlost man in den angelsächsischen Ländern genauso wenig wie bei uns.

Sich kleiner machen als man ist

Eigenes Glück oder Unglück anzudeuten statt aufzubauschen, so viel Zurückhaltung zeichnet auch bei uns viele aus. Aber sich absichtlich herabzusetzen und kleiner zu machen, als man ist, dieses Maß an Selbstverleugnung bringen so tatsächlich nur Angelsachsen und Anglophile auf. Die Steigerungsform des Understatement heißt *self-deprecation*, also Selbstherabsetzung, und klingt, wenn man einen Engländer nach seinem Beruf oder seinen Hobbys fragt, gern wie bei einer Londoner Freundin, die für eine Psychologiezeitschrift schreibt und deshalb regelmäßig gefragt wird, ob sie denn Psychologie studiert habe. Ihre Antwort darauf könnte englischer nicht sein: »Oh no, no. I'm not nearly that clever. I'm just a journalist.« Nein, nein, so begabt bin ich nicht. Ich bin nur Journalistin.

Kontinentaleuropäer tippen, wenn sie solche Sätze hören, auf notorische Defizite in Sachen Selbstbewusstsein und Imagepflege.

Die Interpretation ist naheliegend, geht aber am Kern der Sache vorbei. Angelsachsen gefallen sich geradezu darin, im Zusammenhang mit der eigenen Person das Gegenteil des Gemeinten zu sagen. Nicht weil sie so viel bescheidener wären als wir. Sondern weil es in den besseren Kreisen zum Habitus gehört, die eigene Unzulänglichkeit zu überzeichnen.

Jonathan Franzen hat das Prinzip in seinem Roman *Freiheit* literarisch verarbeitet: »Sie war notorisch abgeneigt, gut von sich selbst oder schlecht von anderen zu sprechen«, charakterisiert er seine Protagonistin Patty Berglund. »Sie sagte, sie gehe davon aus, eines Tages von einem der Schiebefenster ›geköpft‹ zu werden, deren Gewichtsschnüre sie selbst ausgewechselt habe. Ihre Kinder würden ›wahrscheinlich‹ an Trichinose sterben, weil sie Schweinefleisch nicht immer lange genug brate. Sie fragte sich, ob ihre ›Abhängigkeit‹ von Abbeizmitteldämpfen wohl damit in Zusammenhang stehe, dass sie ›überhaupt keine‹ Bücher mehr lese.«

Zwar gab es Leute, die Pattys Selbstherabsetzung als latent gönnerhaft empfanden, so als wolle Patty die Gefühle weniger vollkommener Hausfrauen schonen. Doch die meisten »hielten ihre Bescheidenheit für echt oder fanden sie zumindest amüsant.« Franzens Schilderung deckt sich mit der Analyse der Oxforder Sozialanthropologin und Briten-Beobachterin Kate Fox: »Die Bescheidenheit, die wir zeigen, ist oft falsch – oder, wohlwollender ausgedrückt, ironisch. Unsere berühmte Selbstherabsetzung ist eine Art Code: Jeder weiß, dass eine selbstherabsetzende Bemerkung wahrscheinlich in etwa das Gegenteil des Gesagten bedeutet.«

In den deutschsprachigen Ländern hat sich die perfekte, wenn auch nicht protzige Selbstdarstellung im Job und anderswo zum entscheidenden Türöffner entwickelt. In den angelsächsischen Ländern zeugt es dagegen von Verhaltenssicherheit, wenn jemand die Überlegenheit besitzt, die eigenen Leistungen bis zur Unkenntlichkeit herunterzuspielen. Seien Sie also besser auf der Hut, wenn ein Geschäftspartner aus Manchester sagt, ihm sei ein Thema zu hoch (»I find that all rather beyond me«) oder eine Gesprächspartnerin aus Cambridge sich für einen langweiligen Gesprächsbeitrag entschuldigt (»I am sure I am boring you«). Gut möglich, dass Ihr Gegenüber auf dem Gebiet der Biokatalyse forscht oder die neue Bekannte eine gefragte Vortragsrednerin ist.

Das gewisse Extra

Die Eigenart, dass jemand sich bewusst kleiner als größer macht, mag irritierend wirken, wenn man gelernt hat, dass man Unsicherheiten im Rennen um den guten Job, die große Liebe und das erfolgreiche Leben besser überspielt und lieber auf die glatte Fassade setzt statt auf gepflegte Bescheidenheit. Damit beschäftigt, der Konkurrenz die Stirn zu bieten und den Status zu verteidigen, übersehen wir allerdings: Selbstherabsetzung ist ein Erfolgsgeheimnis. In der richtigen Dosis eingesetzt wirkt sie sympathisch wie bei Jackie Kennedy, liebenswert wie bei Bridget Jones, charmant wie bei Cary Grant, entwaffnend wie bei George Bush oder einlullend wie bei Miss Marple oder Columbo. Lassen Sie sich dieses gewisse Extra nicht entgehen!

Zugänglich: Zu den Geheimnissen von Jackie und John F. Kennedy gehörte, anderen die Scheu zu nehmen, indem sie geflissentlich am eigenen Nimbus kratzten. »Ich bin der Mann, der Jackie Kennedy nach Frankreich begleitet«, stellte sich Kennedy bei seiner ersten Auslandsreise dem französischen Präsidenten Charles de Gaulle vor. Einen ganz ähnlichen Effekt erzielt Barack Obama, wenn er ein Millionenpublikum daran teilhaben lässt, wie oft Michelle ihn abblitzen ließ, bevor sie ihm ein erstes Date gewährte. Jackie Kennedy trieb die Selbstherabsetzung sogar so weit, dass ihr Gegenüber nicht einmal etwas davon merkte. Als sie in den 80er-Jahren als Lektorin bei Doubleday arbeitete, soll sie mit ihren Kenntnissen bewusst hinter dem Berg gehalten haben, um literarisch weniger versierte Gesprächspartner nicht zu verunsichern.

Liebenswert: Wenn die Bridget-Jones-Romane und -Filme auch zehn Jahre nach ihrem Erscheinen Teil des kollektiven Gedächtnisses sind, liegt das nicht nur daran, dass sie das Genre der *Chick Lit* begründeten, der Unterhaltungsliteratur für Frauen. Hauptsächlich wirken sie nach, weil sie eine Heldin porträtieren, die so anrührend liebenswert und hinreißend komisch wirkt, gerade weil sie nicht grazil und parkettsicher durchs Leben gleitet. Offensichtlich ist im Zeitalter photogeshoppter Hochglanzbilder die Bridget-Mischung aus Tapsigkeit und Selbstherabsetzung (»Sogar ein Mann, der Socken mit Hummelmuster trägt, findet mich schrecklich.«) ein wunderbarer Weg, andere für sich einzunehmen. Nur Aufreißer wie Daniel Cleaver alias Hugh Grant nutzen Unsicherheit aus, Männer, die zum Ehemann taugen, wie Mark Darcy alias Colin Firth, sind davon bezaubert.

Charmant: Vor allem Männer gewinnen an Attraktivität, wenn sie sich kleiner geben, als sie sind. Laut einer Studie des Antropologen Gil Greengross fliegen Frauen bevorzugt auf Männer, die sich nicht allzu ernst nehmen. Damit haben wir endlich die Erklärung für den Erfolg von Hollywood-Ikonen wie Cary Grant, Richard Gere oder George Clooney. Sowohl privat als auch im Film verstehen sie sich darauf, sich elegant auf den Arm zu nehmen. So entzaubert zum Beispiel Cary Grant nonchalant seinen Beruf, den alle Welt für einen Traumjob hält: »Das einzig Gute am Schauspielern ist, dass man nichts Schweres heben muss.« Im Vergleich mit so viel Uneitelkeit wirkt das Erfolgsgetöse kaum halb so attraktiver Mittelmanager bedauerlich vorhersehbar. Einen Haken hat die ironische Selbstherabsetzung allerdings:

Das Spiel mit der Unzulänglichkeit ist nur etwas für Männer, die es sich auch leisten können.

Ein gewisses Maß an Erfolg und das Wissen um die eigenen Vorzüge sind, so Greengross, unabdingbar. Anderenfalls wirkt die Selbstherabsetzung nicht begehrenswert und reflektiert, sondern neurotisch und angreifbar.

Einnehmend: Dass Understatement auch hierzulande Wohlwollen erregt, wies der Bonner Psychologieprofessor Gerhard Blickle nach: Junge Akademiker, die bescheiden auftreten, steigen schneller im Unternehmen auf und erzielen ein höheres Einkommen als überehrgeizige Selbstdarsteller. Der Grund: Vorgesetzte und Mentoren fördern lieber Berufsanfänger, die eher tief- als hochstapeln, Fehler zugeben und Ängste auch einmal eingestehen. Trotzdem ist Fingerspitzengefühl gefragt: Understatement im Job will gut dosiert sein, übertrieben eingesetzt weckt es den Eindruck von Unsicherheit. Das mag immer noch sympathisch wirken, ruft aber Zweifel an der Leistungsfähigkeit wach.

Entwaffnend: Was immer man Ex-Präsident George W. Bush vorwerfen kann, er hat keine Scheu davor, seine eigenen Schwächen aufs Korn zu nehmen, und das sogar öffentlich. »Sie werden wahrscheinlich bemerkt haben, dass auch ich einige Makel habe«, sagte er etwa in einer Rede vor den Delegierten des Wahlparteitags der Republikaner in New York. »Die Leute müssen manchmal mein Englisch verbessern. Als selbst Arnold Schwarzenegger damit anfing, wurde mir klar, dass ich ein Problem habe.« Diese Art der Selbstherabsetzung zeugt von Raffinesse: Wer treuherzig-durchtrieben zu seinen Fehlern steht, auch das zeigt die Greengross-Studie, übersteht Anfeindungen erstaunlich oft gänzlich ohne Blessuren.

Einlullend: Er gehört zu den Kultdetektiven des amerikanischen Fernsehens, sie ist das Urgestein des englischen Kriminalromans. Doch Lieutenant Inspector Columbo und Amateuer-Ermittlerin Miss Marple eint mehr als ihr Erfolg beim Publikum: Beide setzen darauf, vollkommen unterschätzt zu werden. Unscheinbar und notorisch zerstreut bringen sie Verdächtige dazu, arglos die Hüllen fallen zu lassen. Die wenigsten Täter durchschauen das Verhalten mit so scharfem Verstand wie die Anwältin Leslie Williams in *Lösegeld für einen Toten*: »Lt. Columbo, wie er stolpert und stottert und dabei immer hinter der Halsvene her ist.« Während Columbo den unstrukturierten Schussel mimt (»I know, I'm a pest«), treibt Miss Marple ihre Ermittlungen in der Rolle der harmlosen älteren Dame unerbittlich und gekonnt voran: »Hat der Überfall in diesem Zimmer stattgefunden?«, bohrt sie nach, um den Ton aber sogleich wieder zu mildern: »Sie werden mich bestimmt für schrecklich neugierig halten, Miss Blacklock, aber es ist so aufregend … so etwas liest man doch sonst nur in der Zeitung …« Selbstherabsetzung ist also durchaus nicht ohne Hinterlist. Sie löst die Zungen und bringt andere dazu, mehr preiszugeben als geplant.

Seinen wahren Charme entfaltet Understatement allerdings nur, wenn es *unselfconscious* ist – beiläufig und ungezwungen. Versuchen Sie deshalb nicht, sich das bescheiden-ironische Understatement als Softskill anzutrainieren. Gehen Sie besser den umgekehrten Weg: Trainieren Sie sich nicht jede Ecke und Kante ab. Nutzen Sie kleine Schwächen lieber als persönliche Markenzeichen, die Sie menschlich und nahbar – und Ihr durchaus spürbares Selbstbewusstsein erträglich machen. Die Strategie setzt voraus, dass man sich selbst nicht ganz so wichtig nimmt. Angebern und Alphatieren bleibt sie deshalb verwehrt.

The food here is terrible, and the portions are too small

Warum britischer Humor ein Exportknüller ist und amerikanische Screwball-Komödien unschlagbar sind

*B*ei Shakespeare löst er die Spannung, wenn dem Publikum der Atem stockt. Bei amerikanischen Präsidenten treibt er wie auf Knopfdruck die Beliebtheitswerte hoch. Woody Allen macht er unsterblich und *Alice im Wunderland* zum fast unübersetzbaren Sprachkunstwerk: In Großbritannien und den USA ist Humor allmächtig und allgegenwärtig, und wenn Dilbert-Erfinder Scott Adams sagt: »The best things in life are silly«, darf man davon ausgehen, dass Millionen von Angelsachsen seine Meinung teilen.

Silly – das bedeutet in diesem Zusammenhang »absurd, albern, zum Lachen«, und höchstens eine Minderheit würde bei uns das Lustige und Lächerliche auf einen so hohen Sockel stellen. Was nicht heißen soll, dass uns Witz, Humor und Satire Fremdwörter wären: Loriot besitzt humoristisches Empfinden, die *Titanic*-Macher haben es und Harald Schmidt, wenn er in Form ist, beherrscht die Kunst der coolen Sprüche auch. Sein unvergesslicher Kommentar zum Beispiel, als Arnold Schwarzenegger zum Gouverneur von Kalifornien gewählt wurde, saß passgenau wie ein Maßanzug von der Savile Row: »George Bush hat Arnie gratuliert – was ihn am meisten beeindruckt: Schwarzenegger hat nicht nur die Wahl gewonnen, sondern bekam auch die meisten Stimmen.«

Dennoch: Jenseits von Kabarett, Karneval und Satiremagazin halten wir es mit dem Satz des englischen Essayisten William Hazlett »Wit is the salt of conversation, not the food.« Humor in kleinen Dosen ist uns sehr willkommen. Doch Humor als Nationaleigenschaft zu beanspruchen, wie die Angelsachsen es tun, auf diese Idee kämen speziell in Deutschland nur Scherzvögel. Nicht weil wir kein Talent zum Humor besäßen. Sondern weil vielen, ob im Meeting, im Reklamationsgespräch oder beim Beziehungsstress, der Unernst meist zu wenig seriös erscheint.

Was wir ernst meinen, das sagen wir auch mit vollem Ernst.

In seiner Disseratation über britischen Humor arbeitet der Anglist Dietmar Marhenke den Unterschied heraus: »Während die englische Mentalität die stete Bereitschaft, humorvoll zu sein, von vornherein einschließt, neigen die meisten Deutschen dazu, etwas, das Humor beinhaltet, als irrational, emotional, vage und unwägbar anzusehen. Er wird landläufig nur zugelassen, wenn er im Zusammenhang mit weniger wichtigen Angelegenheiten steht.«

Plakativer gesagt: Im Deutschen zieht man den Ernstmodus dem Spaßmodus vor, im Englischen, vor allem wenn es aus britischem Munde kommt, ist es umgekehrt.

Humor gilt als eine Art Airbag gegen Aufgeblasenheit und Wichtigtuerei.

Er unterströmt, wie Großbriannien-Kennerin Kate Fox es formuliert, als »Standardmodus« jedes Gespräch, auch wenn die verhandelten Inhalte ganz sicher nicht zum Lachen sind. Sein Spektrum reicht von skurril bis subtil, von sexuell getönt bis romantisch verspielt, von boshaft bis selbstironisch, und auch wenn vor allem das geistreiche Geplänkel höchstes Ansehen genießt, hat doch jede einzelne Spielart des Humors eine gern und virtuos genutzte soziale Funktion.

Umwerfend charmant: Witz, Screwball und Repartee

Leoparden küsst man nicht, Charade, Pretty Woman, Haben Sie das von den Morgans gehört? – Wer in einer Beziehung lebt, kann nicht umhin, sich manchmal zu wünschen, er könnte so treffend kontern, so überdreht charmant zicken, so entwaffnend Blödsinn reden und so nonchalant über Nebensächlichkeiten hinweggehen wie die Helden und Heldinnen amerikanischer *screwball* und *romantic comedies.*

Doch auch sonst im Leben besäße man gern die Art von Schlagfertigkeit, die ins Schwarze trifft, ohne seelisches Porzellan zu zertrümmern.

Ganz klar, im Film setzen die Spitzen die Drehbuchschreiber. Wie Baseball-Spieler den Screwball drehen sie die verbalen Wurfgeschosse an, die Kontrahenten einander zuspielen, und geben ihnen ein unvorhersehbares Flugverhalten. Amerikanische und britische Filmdialoge wären allerdings nicht so unerhört gut, müssten sie nicht, um beim heimischen Publikum einen Nerv zu treffen, die Komik des *quipping, bantering* und *kidding* steigern, die fast jedem Alltagsgespräch subtilen Witz verleiht: Freunde hauen einander clevere Dialoge um die Ohren, im Job entwaffnet man Angreifer mit einer trockenen Bemerkung, und selbst Eltern überdrehter Kleinkinder schaffen es mit einem wohlplatzierten One-Liner, den Groll zu verwandeln, dass die Fünfjährige einen soeben haarscharf mit dem Roller gerammt hat. »Honey, say sorry«, sagt eine Mutter in jenem sehr bestimmten Ton, der Erziehungsberechtigte in Georgetown, Washington, von jenen am Prenzlauer Berg, Berlin, unterscheidet, und setzt hinterher, »before you run into people.« Entschuldige dich, Süße, bevor du jemanden umfährst – der paradoxe Tadel entspannt die Lage zwischen den Erwachsenen und erkennt das Missgeschick an, ohne es aufzubauschen.

Auch in der Politik gehört die Fähigkeit zur intelligenten Retourkutsche als Ausweis für Flexibilität und Weltgewandtheit traditionell zur Jobbeschreibung. Eine besonders schöne Geschichte dazu rankt sich um den britischen Liberalen John Morley (1838 –1923). Als ein Zuhörer eine seiner Wahlkampfreden mit dem Zwischenruf unterbrach: »Lieber wähle ich den Teufel«, ließ sich der Politiker nicht provozieren: »Sehr gut«, gab er zurück. »Aber falls Ihr Freund nicht kandidieren sollte, darf ich doch mit Ihrer Unterstützung rechnen?«

Ob im wahren Leben oder in der Screwball-Komödie, das Prinzip von *wit* und *repartee* ist klar: Es lebt von Geistesgegenwart und Sprachgewandtheit und lässt die, die den geistreichen Schlagabtausch beherrschen oder ins Drehbuch geschrieben bekommen, gleichzeitig souverän und sympathisch wirken, *good-humoured* im doppelten Sinn des Wortes: launig und gut gelaunt.

Rasante Screwball-Dialoge und treffende One-Liner sind nicht nur für die Beteiligten unterhaltsam und für die Zuhörer amüsant. Sie sorgen auch dafür, dass Flirts prickelnd, Smalltalk geistreich und Konflikte halb so wild verlaufen. Wer mehr davon genießen möchte, wird in Shakespeares Komödien fündig, bei Jane Austen, in gut gemachten *Popcorn comedies* und natürlich bei den Ikonen des Films: Katherine Hepburn, Cary Grant, Audrey Hepburn, Irene Dunn, Spencer Tracy, James Stewart, Dustin Hoffman, Diane Keaton, George Clooney. Neben bester Unterhaltung bieten die Kinogrößen auch Anschauungsunterricht, wie man Seitenhiebe und Sottisen wie nebenbei verteilt: *deadpan*, frei von Augenrollen und Vorsicht-nicht-ernst-gemeint-Gesten.

Eine Replik mag noch so überdreht, eine Behauptung noch so albern sein, man liefert sie mit selbstverständlichem Selbstbewusstsein ab, so als könne man die Welt nur so und nicht anders wahrnehmen.

Doch Vorsicht: Der Witz wirkt nur charmant, wenn er den Gesprächspartner weder bloßstellt noch ihm die Fassung raubt. Freundschaftliche Sticheleien sind erlaubt. Dabei darf die Dosis umso höher sein, je besser Sie Ihr Gegenüber kennen, je virtuoser der andere kontert. Geht ein Gesprächspartner allerdings gar nicht oder nur verkrampft auf das verbale Spiel ein, schalten Sie, wenn die Kommunikation gelingen soll, besser auf den Ernst-Modus um. Die Gelegenheit zum nächsten One-Liner kommt bestimmt.

Humor ist, wenn man anders denkt

Mit rasanten Screwball-Dialogen und treffenden One-Linern ließe sich mühelos eine Enzyklopädie füllen. So sehr sie sich in ihrer Machart unterscheiden, eines ist den wie Schneebällen hin und herfliegenden Sätzen gemeinsam:

Sie verhalten sich zur verbalen Normalreaktion wie Tiefschneefahren zur Pistenabfahrt.

Statt brav der ausgewalzten Gedankenstrecke zu folgen, sucht man sich seinen eigenen Weg und fährt nonchalant einen Tick neben der Spur. Um das intellektuelle Spiel mitzuspielen, muss man keine Humorstrategien im Managerseminar pauken. Es genügt, die erwartete Verbalreaktion zu unterdrücken und die Gedanken auf das Abseitige zu lenken, um der Gegenrede einen überraschend komischen Spin zu verleihen.

Ein bewährter Kniff ist zum Beispiel, Vorwürfen oder Fragen auszuweichen, indem man blitzschnell ein nebensächliches Detail zur Hauptsache erhebt. In der Komödie *Ein Chef zum Verlieben* führt Hugh Grant alias George Wade das Prinzip vor, als seine Frau Lauren ihn vor den Scheidungsanwälten der Untreue bezichtigt: »Er hat es mit ihr in unserem Bett getrieben!« Jeder normale Mensch würde jetzt auf den Vorwurf des Seitensprungs eingehen

– ihn abstreiten, zugeben oder sich rausreden, was auch immer. Nicht so George. Er kapriziert sich stattdessen auf den Ort des Geschehens: »Aber du warst doch immer besorgt, das Sofa könnte schmutzig werden!«

Einen ganz ähnlichen Haken schlägt Sean Connery als James Bond in *Feuerball*. »Lady's gun, isn't it?«, fragt Bond seinen Gegenspieler Largo. Woraufhin der ihn fragt, ob er viel über Waffen wüsste. »Nein«, sagt Bond. »But I know a little bit about women.«

Es spricht nicht eben für den deutschen Humor, dass die Synchronisation die Antithese von »a lot about guns« und »a little bit about women« ignoriert. Durch das Weglassen der vermeinlichen Füllwörter bleibt die deutsche Version um Längen hinter dem fein komponierten Wortwitz des Originals zurück:

Bond: »Ah, die neue Walther, eine typische Frauenwaffe.«
Largo: »Sie kennen sich aus mit Waffen?«
Bond: »Nein, mit Frauen.«

Einen ebenfalls vielfältig variierbaren humoristischen Kniff können Sie von Woody Allen entlehnen. Fangen Sie mit einer alltäglichen Aussage an: »Das Essen hier ist schrecklich« – und geben sie ihr mit einem paradoxen Nachsatz einen Dreh ins Absurde: »… aber die Portionen sind zu klein.« Nach exakt dem gleichen Muster gestrickt und trotzdem immer wieder schön ist der Spruch: »Im Prinzip war meine Frau einfach unreif. Jedes Mal, wenn ich zu Hause in der Badewanne lag, kam sie herein und versenkte meine Schiffe.« Oder auch: »Ich habe einen Kurs im Schnelllesen gemacht und Krieg und Frieden in zwanzig Minuten gelesen. Es geht darin um Russland.«

Geistreich und verspielt: Wortwitz und Pun

Auch wenn man im Englischunterricht meistens nicht allzu viel über angelsächsischen Humor lernt – das Wort *pun* gehört zum Grundwortschatz. Wortspielereien gelten uns Deutschen deshalb als eine, wenn nicht *die* Hochform der englischen Verbalkomik. Zu Recht – denn *puns* spielen in den angelsächsischen Ländern eine viel größere Rolle als bei uns. Mit seiner ungewöhnlichen Fülle gleich klingender oder gleich geschriebener Wörter – Sprachwissenschaftler sagen Homophone und Homonyme – bietet das Englische sich mehr als jede andere europäische Sprache für Sprachspielereien an. Oder wie Bill Bryson, amerikanischer Autor und Rektor der englischen Universität Durham, schreibt: »Any language where the unassuming word fly signifies an annoying insect, a means of travel, and a critical part of a gentleman's apparel is clearly asking to be mangled.«

Mit anderen Worten, man muss im Englischen nicht lange suchen, um kalauern zu können wie Samantha in der Kultserie *Sex and the City*:

> »I don't believe in the Republican party
> or the Democratic party, I just
> believe in parties.«

Der Wortwitz entsteht, weil *party* anders als bei uns nicht nur »Fest«, sondern vor allem auch »politische Partei« bedeutet. Es wäre nicht überraschend, wenn wir mehr Gefallen an dem *pun* fänden als amerikanische oder englische Zuschauer, die der allgegenwärtigen Wortwitzeleien oft durchaus müde sind. Als Nicht-Muttersprachler macht es dagegen Spaß, den Sprachwitz der Zweit- oder Drittsprache zu entschlüsseln, zumal er beim Übersetzen oft eine solche Herausforderung darstellt, dass uns seine Machart raffinierter erscheint, als sie ist. Denken Sie zum Beispiel an *Alice im Wunderland*. In der Geschichte mit der falschen Schildkröte fragt Alice:

»And how many hours a day did you do lessons?« said Alice, in a hurry to change the subject.
　　»Ten hours the first day,« said the Mock Turtle: »nine the next, and so on.«
　　»What a curious plan!« exclaimed Alice.
　　»That's the reason they're called lessons,« the Gryphon remarked: »because they lessen from day to day.«

Das Wortspiel, das im Original so ungezwungen klingt, muss in der deutschen Übersetzungen mühsam herbeikonstruiert werden und kann auch dann nie wirklich überzeugen:

»Und wie viel Schüler wart ihr denn in einer Klasse?«, sagte Alice, die schnell auf einen andern Gegenstand kommen wollte.
　　»Zehn den ersten Tag«, sagte die falsche Schildkröte, »neun den nächsten und so fort.«
　　»Was für eine merkwürdige Einrichtung!«, rief Alice aus.
　　»Das ist der Grund, warum man Lehrer hält, weil sie die Klasse von Tag zu Tag leeren.«

No puns wanted

Der an den Haaren herbeigezogene Pun aus *Alice im Wunderland* vermittelt Ihnen vielleicht eine Ahnung davon, warum die Angelsachsen es einerseits nicht lassen können, mit der Sprache zu spielen, andererseits aber zwanghafte Wortverdreher (»Did you hear about the guy whose whole left side was cut off? He's all right now.«) so aufdringlich finden wie wir notorische Witzeerzähler:

Puns mögen clever gemacht sein, erst recht, wenn sie von Shakespeare stammen oder von Oscar Wilde. Ein Gespräch aber lähmen sie eher, statt es voranzutreiben.

Spätestens wenn der Tischnachbar an der Hochzeitstafel oder ein Kollege im Meeting seiner Lust am Kalauern freien Lauf lässt (»If you give some managers an inch they think they're a ruler.«) und mit seinen Einwürfen jedes vernünftige Gespräch torpediert (»At some executive meetings there is a chairman of the bored«), leuchtet ein, weshalb Samuel Johnson, der britische Marcel Reich-Ranicki des 18. Jahrhunderts, Puns als die niedrigste Form des Humors verriss. Eine ausführliche Erklärung für die Skepsis am Pun liefert der amerikanische Humorist und Kolumnist Dave Berry nach:

»Puns sind kleine ›Wortspiele‹, mit denen ein bestimmter Menschentyp Sie gern überfällt, um Ihnen dann mit beifallheischendem Blick zu signalisieren, dass er denkt, dass Sie denken, er sei der mit Abstand pfiffigste Mensch auf Erden, jetzt wo Benjamin Franklin tot ist, während Sie in Wahrheit denken, dass, sollte dieser Mensch je in einem Rettungsboot enden, die anderen Passagiere ihn spätestens am Ende des ersten Tages über Bord werfen werden, selbst wenn an Wasser und Essen kein Mangel herrscht.«

An unverbesserliche Witzereißer gewöhnt, haben es die Briten zur Kunst entwickelt, störende Puns, Jokes und Zwischenrufe zur Kenntnis zu nehmen, ohne ihnen eine Bühne zu geben: Sie kehren einfach mit einem neutralen »Quite«, »Right« oder »Exactly« zur Tagesordnung zurück. Ungerührt, ohne Stöhnen, Augenrollen oder gequältes Lachen. Im Deutschen erfüllt ein nachsichtiges Lächeln, verbunden mit einem kurzen »Ja«, »Ach was« oder »Tatsächlich«, den gleichen Zweck.

Respektlos daneben: Derbe Jokes und unsägliche Gags

Der englische Prinz Philip gilt als der Meister des Fettnapfs. Den nigerianischen Präsidenten in muslimischer Robe begrüßte er mit den Worten, er sähe aus, als wolle er gleich zu Bett gehen, und die Benutzerunfreundlichkeit von Fernsehern prangerte er mit den Worten an, um herauszufinden, wie sie funktionieren, müsse man praktisch mit ihnen schlafen.

Mittlerweile füllen die Aussprüche des Herzogs von Edinburgh ein ganzes Buch, und wäre er nicht der dienstälteste Prinzgemahl in der Geschichte des Königreichs, wäre er für seine groben Scherze wohl mehr berüchtigt als geschätzt. So aber sind seine Beliebtheitswerte ungebrochen und auch die Königin scheint ihm seine wenig staatstragenden Anmerkungen nicht nachzutragen.

Ein Grund für die Nachsicht mag sein, dass ein derber Humor in England Tradition und auch dort seinen Platz hat, wo man ein formvollendetes Auftreten oder allenfalls subtil versteckte Spitzen erwartet. Wenn Prinzessin Michael von Kent anmerkt, die Engländer steckten zwar viel Zeit in die Zucht ihrer Hunde, der Stammbaum ihrer Kinder aber sei ihnen egal, die heirateten nach überall, oder die Königinmutter das Ende des Empire mit den Worten bedauerte: »Die Afrikaner verstehen einfach nichts vom Regieren«, erinnert die herzhafte Ungeniertheit im Umfeld der stets untadelig beherrschten Queen fast schon an Shakespeares Tragödien.

Dort steht das Derb-Komische als *Comic relief* gleich neben dem Tragisch-Erhabenen. »Komische Entlastung« heißt das Stilmittel, das dazu dient, die Intensität intellektuell anspruchsvoller und emotional aufwühlender Szenen durch den Auftritt burlesker Nebenfiguren zu brechen. Zwischen dem plumpen, oft sexuell getönten Humor von Shakespeares Ammen, Narren und Pförtnern und dem seelischen Feingefühl und der gehobenen Sprache seiner Helden liegen Welten.

Ähnlich, wenn auch weniger kontrastreich, funktioniert das Zusammenspiel zwischen dem analytischen Sherlock Holmes und seinem komisch-bodenständigen Partner Dr. Watson, zwischen dem überlegten Harry Potter und seinem pfiffigen, leicht überreagierenden Freund Ron und eben auch zwischen der Queen und dem Duke of Edinburgh.

In allen Fällen wird eine unantastbare Hauptfigur von einer weniger abgehobenen Nebenfigur begleitet, die aussprechen und ausleben darf, was den Nimbus des Ideals beschädigen könnte.

Mit ihrer schlicht gestrickten Art lässt sie die Idealfigur noch vorteilhafter und höher stehend wirken und bietet sich zugleich selbst dem Publikum als zugängliche Identifikationsfigur an.

Genau diese Rolle spielt der Herzog von Edinburgh perfekt. Seine Tabubrüche bewegen sich zwar manchmal am Rand des guten Geschmacks. Zum Ausgleich setzen sie den protokollgerecht nichtssagenden Äußerungen der Königin (»This is most interesting«) einen erfrischenden Kontrapunkt entgegen.

Barack Obama zum Beispiel lästerte bereitwillig mit, als bei seinem Antrittsbesuch im Buckingham-Palast Prinz Philip die Atmosphäre mit der Frage auflockerte, ob der Präsident denn all die europäischen Politiker überhaupt auseinanderhalten könne. Auch Michelle Obama schlüpft gelegentlich in die Rolle der unverkrampft-unverblümten Gefährtin, sie geht dabei nur sensibler vor als der inzwischen 90-jährige Herzog von Edinburgh.

Im Wahlkampf zum Beispiel war sie es, die spaßhaft ansprach, was zu thematisieren jedem anderen als politisch unkorrekt verübelt worden wäre und deshalb ungesagt im Raum stand: die Frage nach dem ungewöhnlichen Namen ihres Mannes. In einem CNN-Interview ließ sie ihr Publikum daran teilhaben, wie sie als junge Anwältin ihren zukünftigen Mann kennenlernte und instinktiv dachte, was sich eigentlich nicht gehört: »I probably did what a lot of people do, when they hear about Barack Obama. First I thought what kind of name is Barack Obama«, witzelte sie. »My assumption was this guy is probably kind of weird.« – Das muss ein seltsamer Typ sein – kaum etwas schafft Vorurteile und Peinlichkeiten leichter aus der Welt als eine respektlose Witzelei.

Was man sich davon abschauen kann? Es kann strategisch von Nutzen sein, hin und wieder ein paar Hemmungen abzulegen und sich über die Regeln des guten Geschmacks hinwegzusetzen.

Das comic relief ist zwar längst nicht überall salonfähig und angebracht. Doch wie im englischen Drama eröffnet es eine weitere Spielebene neben dem allfälligen Ideal des Konsens.

Unter dem Deckmantel des Humors kann man mit einem wohlüberlegten Spruch eigentlich Unsägliches auf den Tisch bringen, Anspannung lösen, Prüderie ridikülisieren und ganz nebenbei sich selbst oder einen zur diplomatischen Zurückhaltung gezwungenen Partner als realistisch und sympathisch-bodenständig inszenieren.

Zielscheibe Ich: Marotten, Spleens und Ironie

Keine Frage: Britischer Humor kann beißend, bloßstellend und beleidigend sein. Fans auf und außerhalb der Insel gilt der Humorbis-es-weh-tut, wie er in Britcoms wie *Little Britain, Green Wing* oder *The Office* zu sehen ist, als mutig und brillant. Persönlich kann ich allerdings ähnlich wenig damit anfangen wie die englische Schauspielerin Helen Mirren, die kürzlich in einem Paris-Match-Interview die surreale Grausamkeit englischer Comedy-Serien bedauerte.

Im Alltag überwiegt zum Glück ein Humor, der seine Lustigkeit weder aus aufblasbaren Riesenpenissen noch aus Witzen über Dicke, Schwarze und Homosexuelle bezieht. Mehrheitlich findet man im Land des Fairplay Witzeleien, die anderen zu nahe treten, als *not nice* und daher *off limits*. Nicht erst im Zeitalter der *political correctness* gelten die Grenzen zur Geschmacklosigkeit rasch als überschritten. Wie eng sie in manchen Kreisen tatsächlich gezogen sind, können Sie in Julian Jarrolds Neuverfilmung von Evelyn Waughs Roman *Wiedersehen mit Brideshead* beobachten: »Don't be vulgar! Vulgar is not the same as funny«, weist darin Emma Thompson als Lady Marchmain ihre jüngste Tochter zurecht. Vulgär ist nicht das Gleiche wie komisch. Dabei hatte Cordelia lediglich ihren ältesten Bruder aufgezogen, er kleide sich wie ein Bankangestellter.

Die Stichelei im engen Familien- und Freundeskreis erscheint harmlos genug. Doch wer sich über andere lustig macht, muss damit rechnen, als unerzogen und vielleicht sogar verletzend wahrgenommen zu werden.

Auf die feine englische Art umgeht man diese Gefahr, indem man lieber eigene Marotten und Defekte durch den Kakao zieht, statt die Schwächen anderer aufs Korn zu nehmen.

Leiser Spott über sich selbst ist die wohl angenehmste Form der Selbstdarstellung. Sofern Sie es nicht übertreiben, nimmt das Lachen über eigene Unzulänglich- und Eitelkeiten unsicheren Gesprächspartnern die Angst und Kritikern den Wind aus den Segeln. Obendrein schafft es Distanz zu den Enttäuschungen des Lebens und gibt einem nach einem Scheitern die Überlegenheit eines Menschen zurück, der selbstbewusst genug ist, sich selbst auf die Schippe zu nehmen.

Allerdings muss die Selbstironie leicht und lässig daherkommen und darf nie die Grenze zur Verbitterung streifen. Al Gore, jahrelang als hölzerner Langweiler gehandelt (»Al Bore«), traf bei der Präsentation seines Films *Eine unbequeme Wahrheit* gleich beim ersten Satz den richtigen Ton:

»Ich heiße Al Gore. Ich war einmal der nächste Präsident der Vereinigten Staaten.«

Vielleicht, vermutlich sogar, waren hier Redenschreiber am Werk. Egal. Die Wirkung bleibt die gleiche: Ein paar humorvolle Bemerkungen – und der einstige Verlierer wirkt sympathisch, witzig und angenehm bescheiden. »Irgendwie cool«, kommentierte Business-Blogger Scott Ginsberg Gores Auftritt. Eine katarthische Funktion hat die Selbstironie obendrein: Man muss die eigenen Schattenseiten und Spleens reflektieren und durchschauen, um sich darüber lustig zu machen und sie in liebenswerte Eigenheiten verwandeln zu können.

Ganz schön boshaft: Spott, Zynismus und Satire

Man redet nicht schlecht über andere, schon gar nicht über Schwächere. Satirische Feldstudien innerhalb des eigenen Milieus, erst recht, wenn es ein privilegiertes ist, haben in England und den

USA dagegen Tradition. Mit feiner Beobachtungsgabe und scharfzüngigem Spott nimmt man aufs Korn, was man am besten kennt: die eigene Welt mit ihren Verfehlungen und Eitelkeiten. Meistens kommt das eigene Umfeld dabei am Ende trotz allem, was sich dagegen sagen lässt, nicht so wirklich schlecht weg.

Wenn Jane Austen sich im amüsanten Plauderton das Leben des englischen Landadels vornimmt, Woody Allen die Frustrationen und Lebenslügen der New Yorker Mittelschicht ausleuchtet, die Journalistin Rachel Johnson antropologische Studien über den Vorkrisen-Lifestyle Londoner Bankerfrauen im In-Viertel Notting Hill betreibt und der Autor und Drehbuchschreiber Julian Fellowes in *Snobs* die Allüren der englischen Upper Class enthüllt – dann spotten sie alle über die Anschauungen und Unsitten einer sozialen Gruppe, die ihre ureigenste ist.

Sehr wahrscheinlich spricht der sanfte Spott genau die Kreise an, auf die er abzielt: Menschen, die so reflektiert sind, dass sie die satirische Überzeichnung des eigenen Milieus oder eines, das davon nicht sehr weit entfernt ist, verstehen und würdigen können.

Denken Sie zum Beispiel an Woody Allen, wenn er in *Der Stadtneurotiker* in seiner Rolle als Alvy Singer sagt: »Das Leben ist voller Leid, Krankheit, Schmerz – und zu kurz ist es übrigens auch.« Bei jemandem, der offen ist für derlei Absurditäten, löst der Satz mehr aus als jedes noch so ernsthafte Essay im Feuilleton: Man amüsiert sich über die Widersprüchlichkeit, erkennt sich (nicht ungern) selbst darin wieder und ist beeindruckt, mit welcher Brillanz die soeben noch belächelte Figur eine tiefere Wahrheit auf den Punkt bringt.

Britische und amerikanische Gesellschaftssatiren von *American Beauty* bis hin zu den *Nanny Diaries* sorgen aber nicht nur für herrlichen Lese- und Kinospaß und die eine oder andere Selbsteinsicht. Sie stecken uns nebenbei und ohne moralischen Zeigefinger mit einer Lebenshaltung an, in der uns die Angelsachsen noch, aber vielleicht nicht mehr lange, um ein paar Längen voraus sind.

Sie liefern uns Anschauungsmaterial, wie man mit Spott und Überzeichnung intelligent Kritik zum Ausdruck bringt, gesellschaftliche Missstände aufdeckt und persönliches Verhalten infrage stellt.

Das Beste daran: Statt die Fronten zu verhärten, lockert der maliziöse Spott die Stimmung auf. Wie das funktioniert, illustriert ein Bonmot des amerikanische Jazztrompeters und 27-fachen Grammy-Preis-Gewinners Quincy Jones: »Ich war immer der Meinung, wenn jemand breit lacht, so ist das, als würde er aus tiefstem Herzen seufzen ›Stimmt genau!‹«

How can I help you?

Wie man mit
amerikanischem Beziehungsmanagement
gute Geschäfte macht

Die angeblich meistgestellte Frage in der Main Street von Walt Disney's Magic Kindom lautet: »What time is the 3 o'clock parade?« Um wieviel Uhr findet die 3-Uhr-Parade statt? Man kann über die Frage und den, der sie stellt, lachen. Oder verständnislos tun. Oder sich ungeduldig zeigen. Nichts davon ist in Anaheim oder Orlando zu spüren. Amerikas führender Familienunterhalter will seine Gäste glücklich machen, nicht verlegen. Deshalb sind die Disney-Mitarbeiter angehalten, die Unsinnigkeit der Frage zu überhören und einfach die gewünschte Information zu liefern: »Die Parade beginnt pünktlich um drei Uhr in Frontierland und kommt ungefähr um zwanzig nach drei hier in der Main Street vorbei. Freuen Sie sich darauf, von hier aus haben Sie einen besonders guten Blick«, heißt die Antwort, auf die Disney seine Gästebetreuer trainiert.

Zum Glück bekommt man auch bei uns auf eine dumme Frage nicht zwangsläufig eine oberlehrerhafte Antwort. Aber ob im Erlebnisbad oder im Elektrofachmarkt – die Wahrscheinlichkeit einer kalten Abfuhr ist deutlich größer. Das jedenfalls ergibt sich aus einer Verbraucherstudie der Managementberatung Accenture in zwölf Ländern: Amerika ist in Sachen Kundenzufriedenheit unangefochten die Nummer eins, gefolgt von den angelsächsischen Ländern Kanada, Australien und Großbritannien. Deutschland hinkt im Vergleich dazu auf dem vorletzten, elften Platz hinterher. Nur südafrikanische Kunden fühlen sich noch schlechter bedient.

Service made in USA

Es gibt sie auch im Land der vorbildlichen Servicequalität: Autovermieter, bei denen man einen halben Tag lang auf den gebuchten Mietwagen wartet, Frühstückskellner, die einem den Kaffee über die Jeans gießen und dafür das Trinkgeld direkt auf die Rechnung aufschlagen, Fluglinien, die die Bordverpflegung streichen, und hochnäsige Verkäuferinnen, die nur bedienen, wer ihr Beuteschema erfüllt. Letztere bekommen zumindest im Hollywood-Film die Quittung. In *Pretty Woman* serviert Julia Roberts genüsslich eine Verkäuferin ab, die sie am Vortag, weil trashig gestylt, aus dem Laden geworfen hatte: »Sie bekommen doch Provision, oder? Ein blöder Fehler. Blöd! In diesem Laden kaufe ich nichts!«

Doch alles in allem überwiegen die positiven Erlebnisse. Wer durch die angelsächsischen Länder reist oder eine Weile dort lebt, kommt in den Genuss einer Servicekultur, die ihresgleichen sucht. Ob Einpackhilfe an der Kasse, Personal Shopper im Kaufhaus oder Valet Service beim Parken – *more often than not* trifft man auf helfende Hände, lächelnde Gesichter und kleine Gefälligkeiten, die das Leben leichter machen und die weniger angenehmen Erfahrungen vergessen lassen.

Damit der gefühlte Eindruck des Umsorgtseins entstehen kann, muss nicht alles stimmen. Aber das meiste: »Es braucht 37 magische Momente, um einen tragischen Moment wettzumachen«, rechnet man bei Disney.

Ob dieses hochgesteckte Ziel zwischen Boston und L.A auch nur annähernd erreicht wird, sei dahingestellt. Doch dass die Amerikaner besser als alle anderen darin sind, magische Momente zu schaffen, daran lässt sich nicht rütteln. Bei uns führt man diesen Vorsprung gern auf die *Tipping*-Kultur zurück, die Abhängigkeit von großzügigen Trinkgeldern, ohne die Einfachstdienstleister in den USA finanziell nicht über die Runden kämen. Die Einschätzung ist kleinlich und fraglich zugleich. Denn der merkantile Anreiz allein kann es nicht sein: Dass guter Service gutes Geld einbringt, weiß man bei uns schließlich auch.

Trotzdem fühlt sich Service »made in USA« anders an. Ungezwungener. Persönlicher. Weniger aufgesetzt. Der Eindruck legt den Gedanken nahe, dass die amerikanische Servicefreundlichkeit auf einer inneren Haltung der Herzlichkeit und des Enthusiasmus gegenüber Kunden und Gästen beruht, die es in dieser Form bei uns nicht gibt. Während wir dem Kunden seinen angeblichen Königsstatus verübeln und deshalb nur widerwillig in die Dienstleisterrolle schlüpfen, behandeln Amerikaner ihre Kunden mit der Aufmerksamkeit, die man Gästen entgegenbringt: Man verwöhnt und umsorgt sie mit allem, was das Haus zu bieten hat, ohne sich in ihrem Dienst zu verbiegen. Es ist deshalb nur folgerichtig, wenn in den USA statt von *customer service* immer öfter von *customer hospitality* die Rede ist. Amazon-Gründer Jeff Bezos bringt das Prinzip griffig auf den Punkt:

>*»Wir sehen unsere Kunden als Gäste, die wir zu einer Party eingeladen haben, und wir sind die Gastgeber.«*

Im Grunde ist die amerikanische Kundenfreundlichkeit also als Fortsetzung der auch im privaten Verhalten üblichen zwanglosen Herzlichkeit zu sehen, die genau wie Selbstverantwortung und Eigeninitiative zu den amerikanischen Urtugenden zählt. Während deutsche Unternehmen wegen gleichgültigem Personal zehn Mal mehr Kunden verlieren als wegen mangelnder Qualität, finden und binden Apple, GAP & Co. das Vertrauen ihrer Kunden mithilfe simpler menschlicher Verhaltensweisen: Aufmerksamkeit, Großzügigkeit, Einfühlungsvermögen und der Bereitschaft, Fehler unumwunden zuzugeben. Das klingt nach Anbiederei und oberflächlichem Getue? Amerikaner denken da professioneller als wir. Wenn Liebenswürdigkeit Umsätze steigert, Kunden bindet und die Zusammenarbeit erleichtert, dann nutzt man das Mittel. Pragmatisch. Ohne dass einem dabei ein Zacken aus der Krone bricht.

Das Verhalten hat Tradition und ist anders als bei uns keine Erfindung des letzten Jahrzehnts: »Die Herzlichkeit der Verkäufer, Angestellten, Kellner und Portiers ist vielleicht Geschäftstüchtigkeit, unterwürfig ist sie nie«, beobachtete Simone de Beauvoir in ihrem amerikanischen Reisetagebuch. »Sie ist nicht verdrießlich und steif; und wenn ihre Liebenswürdigkeit auch materielle Züge verfolgt, so ist sie doch deswegen nicht minder echt.«

Standard Freundlichkeit

Weil gut gelaunte Kunden für den Verkaufserfolg wichtiger sind als das Produkt selbst, achten viele angelsächsische Unternehmen schon bei der Personalauswahl auf die positive *attitude* der Mitarbeiter. Worin sie sich zeigt, beschreibt die kanadische Billigfluggesellschaft Westjet in ihrem Leitbild: Lächeln, Augenkontakt, Zuhören und das Erinnern von Namen – diese vier Verhaltensweisen setzt das Unternehmen bei jedem, der mit Kunden arbeitet, immer und in jeder Situation als selbstverständlich voraus.

Allerdings hat jeder Mitarbeiter mal einen schlechten Tag. Deshalb gibt es für den Umgang mit den Gästen zusätzlich ausgeklügelte Standards und Prozessabläufe. Disney zum Beispiel verpflichtet seine Mitarbeiter nicht nur, aktiv die Augen offen zu halten, ob jemand Hilfe braucht. Zum Servicekonzept gehört es auch, Behinderte unauffällig zu integrieren oder Systeme zu entwickeln, die sicherstellen, dass jeder Gast nach dem Besuch von Disney World zuverlässig seinen Parkplatz wiederfindet. Mit seinem vorausschauenden Rundum-Service ist der Konzern so erfolgreich, dass das Disney Institute, die firmeneigene Trainingsakademie, neben den eigenen 55 000 Mitarbeiter längst auch fremde Unternehmen in Sachen Kundenzufriedenheit schult: unter anderem Volvo, Siemens Healthcare oder Miami International Airport.

Was wir Kunden als sympathische Zuvorkommenheit erleben, ist also durchaus genormt und von ökonomischen Interessen geleitet. Der Film *Up in the Air* setzt das Prinzip in Szene: »Schön, Sie wiederzusehen, Mr. Bingham«, begrüßt eine Flughafenangestellte den von George Clooney gespielten Vielflieger und Platinkartenbesitzer Ryan Bingham. Der Gruß klingt spontan und ganz und gar nicht floskelhaft. Doch dahinter steckt System: »Wenn ich meine Karte durchziehe«, erläutert Clooney im Off, »fordert das System automatisch das Personal auf, mich mit genau diesem Satz zu begrüßen. Hätte ich nur Gold- oder, Gott bewahre, Bronzestatus, hätte ich vielleicht ein Hallo oder ein Lächeln bekommen ... Vielleicht.«

Ein bisschen ernüchternd ist es schon, dass der pseudo-persönliche Gruß digital gesteuert wird. Andererseits tut es gut, in einer fremden Umgebung unter fremden Menschen den eigenen Namen zu hören – auch wenn man wie Clooney alias Bingham die eigene Anfälligkeit für jede noch so oberflächliche Zuwendung natürlich durchschaut: »Es sind diese systematisierten Nettigkeiten, die meine Welt in der Umlaufbahn halten.«

So wie 327 Freunde auf Facebook und noch mehr Followers auf Twitter das Ego unwillkürlich pushen, genießt man auch die kleinen Freundlichkeiten, die einem an der Feinkosttheke, beim Arzt oder bei der Stadtverwaltung zuteil werden.

Die Frage sei deshalb erlaubt: Muss ein freundlicher Service tatsächlich aus vollstem Herzen kommen? Ich finde: Nein. Ein flüchtiger geschäftlicher Kontakt ist keine freundschaftliche Beziehung. Er muss echt, aber nicht tief empfunden sein, um sich angenehm anzufühlen. Dazu genügt es, wenn man einander ehrlich wertschätzend und aufmerksam begegnet. Allerdings sollte die professionelle Freundlichkeit ein möglichst zuverlässiger Standard sein und nicht allein von Lust und Laune abhängen. Darauf würde ich mich als Kundin, Patientin, Mandantin oder Geschäftspartnerin gern verlassen können. Wenn standardisierte Verhaltensformen dazu beitragen – warum nicht?

You are welcome: Vor dem Ergebnis steht das Erlebnis

Von der amerikanischen Menschenrechtlerin Maya Angelou stammt der Satz: »Menschen vergessen, was man gesagt hat, Menschen vergessen, was man getan hat, aber Menschen vergessen niemals, welches Gefühl man ihnen gegeben hat.« Für den Kundenservice heißt das: Qualität, Preis und Termintreue zählen viel. Doch mindestens genauso wichtig wie das fachliche Ergebnis ist das emotionale Erlebnis. Besonders prägen sich uns Dienstleister ein, die uns gerne Kundin, Patient oder Fluggast sein lassen: der Friseur, bei dem man nie länger als zehn Minuten warten muss. Die Ärztin, die sich vorstellt und die nächsten Schritte verständlich erklärt. Die Verkäuferin, die einen wiedererkennt. Die Immobilienmaklerin, die versteht, dass man sein Haus verkaufen will, aber sich trotzdem schwer davon trennt. Der Airline-Mitarbeiter, der den schweren Koffer aufs Band wuchtet.

Positive Service-Erfahrungen verbessern die Stimmung – und erhöhen die Zustimmung.

Sie halten auch dann bei Laune, wenn einmal etwas nicht so gut klappt. Zumal achtsame Dienstleister Unmut vorhersehen und behutsam abwenden, noch bevor er sich einstellt. Manchmal genügen nämlich schon die im angelsächsischen Raum allgegenwärtigen Floskeln »Are you guys doing okay?« oder »I will be right with you«, damit ein Kunde sich besänftigt fühlt. Standardsätze? Gewiss. Hinhaltefloskeln? Vielleicht. Aber die Worte klingen nett und persönlich und vermitteln: Jemand hat bemerkt, dass man ein bisschen unglücklich schaut oder schon eine ganze Weile auf etwas wartet.

Der Schriftsteller Rainald Goetz hat geschrieben, »dass das Nettsein netter Menschen das Resultat einer dauernden Bemühung darum ist, die Schwierigkeiten im Miteinander beherrschbar zu gestalten«. Leider trifft man diese Verhaltensstrategie hierzulande oft in einer abgespeckten Version an, die so wenig überzeugt wie die deutsche Synchronisierung von *Mad Men*. Denn Formeln wie »Was kann ich für Sie tun?« bis zu »Das mache ich gern für Sie« haben viele Unternehmen eins zu eins aus dem Amerikanischen übernommen. Aber längst nicht alle haben den *spirit* mit importiert, der in den Sätzen steckt.

Ein Beispiel: Die Stimme am Empfang klingt fröhlich und glockenhell. Doch schon die Bitte um eine einzige ergänzende Auskunft stößt auf taube Ohren: »Mehr steht in meiner schlauen Liste nicht drin.« Womit klar ist: Die zur Schau gestellte Gefälligkeit ist synthetisch. Service made in USA hört sich anders an: »Let me check it for you«, lautet die übliche Reaktion. Was zwar auch nichts anderes heißt, als dass man die Antwort nicht kennt. Aber alles tun wird, um sich schlau zu machen.

Kundenfreundlichkeit muss nicht tief unter die Oberfläche gehen. Sie darf allerdings auch nicht leer sein.

Erst wenn Aufmerksamkeit und innere Beteiligung zusammenspielen, entfaltet das Kümmern um Konsumenten, Gäste, Mandanten oder Patienten Wirkung. Kunden haben ein feines Gespür dafür, ob jemand nur höflich und herzlich tut, weil er dazu angehalten wird. Je nach Gesichtsausdruck und Tonlage ist die Wirkung wahlweise süßlich oder servil.

Der eindrucksvolle Service im Apple-Store, auf den Skipisten in Aspen oder bei Disney geht dagegen weit über reflexhaftes Lächeln und verordnete gute Laune hinaus. Natürlich ist der Stil, mit dem man Kunden begegnet, gewünscht und eintrainiert. Aber die Unternehmen wissen auch: Professionalität ist viel, aber nicht alles.

Erst das commitment der Mitarbeiter, ihre echte Offenheit und Freundlichkeit machen die service experience zu dem, was sie sein soll: casual, comfortable, conversational. Also entspannt, unanstrengend und kommunikativ.

Ob im Restaurant oder beim Schuhkauf – Kunden wünschen sich kein Personal, das sich wahlweise hochnäsig gibt oder unterwürfig. Sondern Menschen, die sich auskennen, sich einfühlen, ihre Sprache sprechen und für gute Stimmung sorgen. In den Apple-Stores finden sie diese Atmosphäre: *A place to visit, meet friends, learn and have an enjoyable time* wollen die Stores sein. Glaubt man den Blogs, halten die Läden, was die Werbung verspricht. Was ihren Reiz ausmacht, beschreibt der Blogger Jörg Schieb:

»Voll sind sie immer, diese Apple Stores. Und das Personal: cool, cooler, coolest. Der eine, eigentlich ein Mexikaner, hat eine Mütze auf, die aussieht wie eine gestrickte Kappe eines Indianers. Der andere hat feuerrote, gelockte Haare und schaut durch seine Streberbrille. Wieder ein anderer könnte genauso gut DJ in einem angesagten Club sein. Vielleicht auch alle. Aber auch wenn sie cool aussehen: Sie sind super freundlich und hilfsbereit. Kaum hat sich eine kleine Schlange vor dem Infodesk gebildet, kommen sie aus ihren Ecken hergelaufen und bedienen die wartende Klientel.«

Auch auf den Skipisten in Aspen, Colorado, verbreitet das Personal Partylaune: »Hier gibt es niemals Schlangen«, heißt es in einem *Welt*-Artikel. »Die Musik ist laut und das Aufsichtspersonal so freundlich und aufgeschlossen, dass man es auf einer Party wähnt und nicht im Dienst.«

Buy two, get one free: Großzügigkeit lohnt sich

Denkt man an amerikanischen Service, fällt einem nicht nur die gute Stimmung des Personals ein. Mindestens genauso beeindruckend ist das Gefühl der Großzügigkeit und Freiheit, die einen allenthalben umgibt. In Aspen zum Beispiel stehen an den Liftstationen Taschentuchspender, warmer Apfelsaft, Kekse und Sonnencreme bereit. Alles *complimentary*, einfach so zum Mitnehmen. Auch außerhalb der Nobelskiorte und Fünf-Sterne-Hotels sprechen Öffnungszeiten rund um die Uhr, Parkplätze, in die man reinfährt ohne Rangieren, kostenlos nachgefüllter Kaffee, Einkaufstüten, so viele man braucht, und eine überwältigende Entscheidungsfreiheit (Well, medium oder rare? Voll-, Mager- oder Sojamilch? Rye, white, brown or multigrain bread?) eine klare Sprache: Man weiß, was Kunden entspannt und gerne wiederkommen lässt. Dafür entwickelt man Ideen, nimmt sich Zeit und tritt auch mal in Vorleistung.

Zum Glück ist auch bei uns die Draußen-nur-Kännchen-Schikane fast überall beendet und an fast jeder größeren Tankstelle gibt es Kaffee in drei Größen und fünf Varianten. Heißt das nun, dass der »American way of service« sich auch bei uns durchgesetzt hat? Geht man von der Grundbedeutung des Wortes aus: Ja! Eigentlich ist amerikanischer Service nämlich ein Fachbegriff aus der Gastronomie und bedeutet Tellerservice – das heißt, Speisen kommen in Einzelportionen schön angerichtet auf den Tisch. Die Sitte hat auch bei uns den sogenannten deutschen Service weitgehend abgelöst, bei dem das Essen personalsparend auf große Platten gefüllt serviert wird.

Legt man dagegen den Maßstab zugrunde, den Lands' End-Gründer Gary Comer beim Umgang mit Kunden anlegte, können wir vermutlich alle noch viel Potenzial entfalten. Comers ebenso einfacher wie anspruchsvoller Benchmark lautete nämlich:

»Kümmert euch nicht darum, ob es das Beste für das Unternehmen ist. Sorgt euch darum, dass es das Beste für den Kunden ist!«

Ob und wie gut Sie diese Politik im Umgang mit Ihren Kunden erfüllen, wissen Sie selbst am besten. Lands' End jedenfalls betreibt sie medienwirksam und mit Erfolg: Redet man über amerikanischen Service, fällt fast unweigerlich der Name des Bekleidungsversandhandels mit der uneingeschränkten Garantie, alle gekauften Waren noch Jahre später zurückgeben zu können. Auch wenn das Polohemd längst ausgebleicht und die Fieldjacke sichtlich abgeschabt ist, gilt der Grundsatz: »Wir akzeptieren jede Rücksendung, aus jedem Grund zu jeder Zeit. Kein Kleingedrucktes. Keine Diskussion.« Übrigens auch kein pikierter Ton. Der Umtausch mehrfach getragener Bergstiefel wird genauso locker-freundlich abgewickelt wie die Neubestellung eines Kaschmirpullovers. Lands' End trägt sogar das Porto für die Rücksendung.

Blauäugig? Im Gegenteil. Lands' End hat begriffen, dass Großzügigkeit sich auszahlt: »Wir glauben an den Grundsatz, dass das

Beste für unsere Kunden auch das Beste für uns alle ist.« Absolutely.

Vertrauensvolle Kunden bestellen öfter, kaufen mehr, bloggen freundlicher und handeln fast immer so fair, wie sie behandelt werden.

Weniger als 0,0001 Prozent von mehreren Millionen Kunden missbrauchen die Land's-End-Langzeitgarantie dazu, sich bei Saisonbeginn kostenlos neu einzukleiden. Dafür gewinnt Lands' End mit seiner üppigen Garantie ein höchst werbewirksames Alleinstellungsmerkmal und genau die sinnstiftenden Geschichten, die es braucht, um eine Marke in den Köpfen der Kunden zu verankern. Geht man zum Beispiel auf die amerikanischen Lands' End-Website, prangt dort auf der Einstiegsseite, was man bei einem Bekleidungsversender am wenigsten erwartet: ein Oldtimer-Taxi. Die Bildunterschrift bringt Aufklärung: Das Taxi schmückte 1984 die Titelseite des Winterkatalogs und wurde von einer Kundin als Geschenk für ihren autofanatischen Ehemann geordert – für 19.000 Dollar. Über zwanzig Jahre später wandte sich der Beschenkte an Lands' End und wollte sein Rückgaberecht in Anspruch nehmen. Selbstredend stand Lands' End zu seinem Wort:

»Of course, we obliged – because whether your purchase includes a tote or a taxi, your satisfaction is Guaranteed. Period.«

»Natürlich kamen wir dem Wunsch nach – denn ganz gleich, ob Sie eine Tragetasche oder ein Taxi bei uns kaufen, Ihre Zufriedenheit ist garantiert. Ohne Wenn und Aber.«

134

This is entirely our fault: Bedauern statt mauern

Letztes Jahr hatte ich kurz nacheinander zwei Erlebnisse, die die unterschiedliche Servicekultur in der neuen Welt und *good old Europe* schlaglichtartig beleuchten. Begonnen hat es in Kalifornien. Nach fast zwanzigstündiger Anreise erfuhren wir im Hotel, dass das gebuchte Nichtraucherzimmer nicht verfügbar war und wir die erste Nacht auf der Raucheretage verbringen mussten. »I'm so sorry about that. This is entirely our fault«, sagte die Rezeptionistin und bot uns, noch ehe wir erschöpft etwas dazu sagen konnten, als Entschädigung zwei Gutscheine für amerikanisches Frühstück an, kostenloses *valet parking* während unseres Aufenthalts und einen Upgrade in die nächstbessere Zimmerkategorie ab dem nächsten Tag. Unangenehm fanden wir die Nacht im Raucherzimmer trotzdem. Aber die Fairness, mit der die Unannehmlichkeit gelöst wurde, versöhnte uns. Dass wir für den Umzug am nächsten Tag nicht einen Finger rühren mussten, auch.

Drei Monate später in der Wiener Ringstraße. Gleiche Hotelkategorie, gleiche Situation: Erneut landeten wir in einem Zimmer auf der Raucheretage. Allerdings wurden wir in diesem Fall weder vorgewarnt noch entschädigt. Im Gegenteil: Als wir um das gebuchte Nichtraucherzimmer baten, mauerte die Rezeptionistin und schaffte es tatsächlich, dass wir uns mit der Situation abfanden. Erst ein zweiter Vorstoß am nächsten Morgen trug uns den Umzug in eine rauchfreie Junior Suite ein. Der Upgrade wurde uns sichtlich widerwillig zugestanden und auch nur, weil in der gebuchten Standardkategorie kein anderes Zimmer frei war. Dass wir unser Gepäck in diesem Fall selbst schleppten, passte ins Bild.

Fehler passieren und die beiden Erlebnisse sind sicherlich nicht repräsentativ. Definitiv gibt es amerikanische Hotels, in denen der Service zu wünschen übrig lässt, und österreichische, deutsche und schweizerische, wo der Gast nicht nur im Prospekt im Mittel-

135

punkt steht. Symptomatisch sind die entstandenen Eindrücke trotzdem: In den USA küsst zwar niemand dem Gast die Hand, dafür gilt sein Wohlbefinden als Basis einer erfolgreichen *customer relationship*. Um es zu gewährleisten, geht man *out of one's way* – man nimmt große Mühen auf sich und manchmal sogar eine Schuld, die man gar nicht hat.

Ein eindrucksvolles Beispiel war kürzlich in einem Blog zu lesen. Dort berichtete ein amerikanischer Computerspezialist, wie er Kunden die Peinlichkeit erspart, aus nichtigen Gründen die Telefon-Hotline bemüht zu haben: Viele Computerprobleme, so seine Erfahrung, rühren schlicht daher, dass das Netzteil nicht eingesteckt ist. Trotzdem vermeidet der Experte, danach zu fragen. Stattdessen bittet er die Anrufer, zu »prüfen«, ob eine Beschädigung am Kabel oder Stecker zu sehen ist – und gibt seinem Kunden so die Gelegenheit, den Anfängerfehler selbst zu erkennen.

Die Lektion daraus: Wenn Sie Fehler vertuschen – dann höchstens die Ihrer Kunden. Niemals die eigenen.

Der kulante Umgang mit Fehlern hat nichts, wie man bei uns oft fürchtet, mit Unterwürfigkeit zu tun. Dafür aber viel mit Verständnis, kreativem Denken und der Einsicht, dass unglückliche Kunden, wie Bill Gates es formuliert, eigentlich eine hervorragende Lernquelle sind. Hier sind die wichtigsten Regeln:

Regel 1: Negative Emotionen anerkennen. Natürlich ist es am einfachsten, Kundenärger zu ignorieren. In den USA erlebt man aber häufig das genaue Gegenteil: Dienstleister nehmen Frustration wahr und lassen zu, dass Kunden ihrem Unmut Luft machen. Statt die negativen Gefühle abzustreiten, spiegeln sie sie wider: »That's terrible. I can imagine how upset you must have felt. I am so sorry about that.« Oder auf deutsch: »Das tut mir sehr leid.

Das geht natürlich nicht.« So beruhigt, lenken viele Kunden von sich aus ein.

Regel 2: Sich entschuldigen. Angelsachsen sind darin Weltmeister. Läuft etwas schief, bedauert man den, der darunter zu leiden hat – sogar dann, wenn man nicht persönlich für die Negativerfahrung verantwortlich ist. »It's such a shame you didn't have better weather«, sagt die Vermieterin des Ferienhauses, die nun wirklich nichts für die sommerliche Regenperiode in South Carolina kann. »I am so sorry about that.« Handelt es sich um einen Fehler, den man selbst verursacht hat, klingt die Entschuldigung förmlicher: »I apologize. This is entirely my fault« und wird durch eine Wiedergutmachung flankiert.

Regel 3: Bloß nicht abschwächen. Vor ein paar Jahren wurde die Talkshow-Queen Oprah Winfrey, eine der einflussreichsten Frauen der USA, in einer Pariser Hermès-Boutique abgewiesen, als sie wenige Minuten nach Geschäftsschluss noch rasch eine Uhr für ihre Freundin Tina Turner kaufen wollte. Oprah war so wütend, dass sie Robert Chavez, den CEO von Hermès, in ihre Show zitierte. Chavez entschuldigte sich in aller Form, nur um die versöhnende Wirkung sogleich wieder zunichte zu machen: »Ehrlich, Oprah, sie wusste nicht, wer Sie sind.« Der Impuls, um Verständnis zu werben, ist natürlich. Aber er verstimmt nicht nur die serviceverwöhnten Amerikaner. Studien zeigen: Jeder Mensch bevorzugt Entschuldigungen ohne Wenn und Aber.

Yes, I can: Sagen, was geht

Unsere Praxis ist vom 15. bis 25. August geschlossen. Das kann ich nicht sagen, wir haben ein Computerproblem. Wir warten noch auf die Lieferung des Herstellers. Ich darf das nicht entschei-

den. Sätze wie diese drehen sich nur um das eine: das eigene Unternehmen, die eigenen Bedürfnisse, die eigenen Probleme. Der Kunde kommt bei dieser Art von Kommunikation nicht einmal als Pronomen vor. Ganz anders im Englischen: *We are looking forward to seeing you again on Monday, August 26. Let me check this for you. Our partner in Texas is preparing your order. Let me see what I can do for you.*

Der Unterschied ist offensichtlich: Die deutschen Formulierungen klingen nach Wunschverweigerung, die englischen nach Wunscherfüllung. Fürchtet man bei uns, die Kunden könnten den Respekt verlieren, wenn man ihnen zu weit entgegenkommt, sorgt man sich in den angelsächsischen Ländern eher, sie könnten die Lust verlieren, wenn man genau das nicht tut. *Yes, I can* ist deshalb eine Devise, die in den USA nicht nur in der großen Politik gilt, sondern überall dort, wo Menschen für Menschen tätig sind. Die internationale Rezidor-Hotelgruppe, zu der auch die Radisson-Hotels gehören, arbeitet übrigens bereits seit 1995 exakt nach diesem Leitsatz.

> *Die Can-do-Haltung fängt mit einer zupackenden, aktiven Wortwahl an. Kunden gibt sie das Gefühl, in guten Händen zu sein. Dienstleister verpflichtet sie, eine konstruktive Lösung zu erdenken.*

Die problematisierende deutsche Sprachweise leistet weder das eine noch das andere. Bestenfalls kann sie für sich in Anspruch nehmen, Kunden nicht zu viel zu versprechen. Schlechtestenfalls trägt sie dazu bei, dass europäische Dienstleister seltener über sich hinauswachsen und sich zumindest eine Teillösung ausdenken. *Tut mit leid, wir haben schon geschlossen* – mehr braucht es nicht, um Kunden zu verprellen und Verkaufschancen zu vertun.

Damit sind wir beim Kern des Problems angelangt. Amerikanische Dienstleister wählen ja nicht nur schönere Worte. Sie nehmen sich mit ihren kundenorientierten Formulierungen auch in die Pflicht, Taten folgen zu lassen und eine ebenso annehmbare wie machbare Lösung zu finden. Oprah zum Beispiel wäre in einem New Yorker Nobelgeschäft nicht schnöde an der Tür abgewiesen worden. Stattdessen hätte jemand die Situation auf typisch amerikanische Art geklärt: »Danke, dass Sie bei uns vorbeischauen. Wir sind gerade dabei, das Geschäft zu schließen. Gibt es etwas, wobei ich Ihnen in diesen letzten Minuten behilflich sein kann?«

Sie sehen: Die tun was, die Amerikaner. Einfach ist das nicht. Denn wie man ein Problem lösungsorientiert kommuniziert oder einen ausgefallenen Kundenwunsch erfüllt, fällt nicht sofort ins Auge. Um auch dann einen positiven Dreh zu finden, wenn eigentlich wenig mehr geht, braucht es hilfsbereite, einfallsreiche Mitarbeiter – und Unternehmen und Vorgesetzte, die ihnen die Kompetenz einräumen, Probleme hier und jetzt zu lösen und dafür auch einmal eigenwillige Wege zu gehen.

Womit sich erneut zeigt: Der kluge Umgang mit Kunden hat nichts mit Unterwürfigkeit und viel mit Psychologie zu tun. Wer so denkt, macht übrigens nicht nur seine Kunden zufrieden. Der fühlt sich auch selbst zufriedener. Zu Recht. Denn die Fähigkeit, Schwierigkeiten in Echtzeit zu lösen, ist spannend, lohnend und alles andere als trivial.

What's in it for me? Argumentieren aus Kundensicht

Im Serviceland USA hat man diesen Zusammenhang besser verstanden als bei uns. Und kultiviert eine Kommunikation, die Kunden ganz gezielt einnimmt und überzeugt. Die Fähigkeit dazu ist nicht nur an der Ladentheke gefragt.

*Denn ob als IT-Spezialist, Pfarrerin,
Landtagsabgeordneter oder Autorin,
irgendwie sind wir alle ein bisschen
Dienstleister.*

Wir arbeiten für Menschen und unser Erfolg hängt davon ab, wie sehr unsere Anwender, Wähler, Leser – oder wie auch immer Kunden sonst noch heißen – unsere Leistung zu würdigen wissen. Das können sie am besten, wenn wir ihnen nahelegen, was sie davon haben. Auch darin sind die Amerikaner groß. Sie bieten ihre Leistung nicht einfach an wie auf dem Grabbeltisch, sondern je nach Kundeninteresse verpackt.

In Robert Harris' Roman *Ghost* sichert sich mit genau dieser Taktik der Ich-Erzähler, ein sehr erfahrener Auftragsschreiber, den Zuschlag für ein lukratives Buchprojekt. Sein nachahmenswerter Trick: Statt, wie es die meisten tun, *seine* Vita und *seine* Kompetenz in Szene zu setzen, vermittelt er den Verlagsleuten beim Verkaufspitch, was sein Ansatz *für sie* bringt: »Fakt ist: Ein großer Name allein verkauft noch kein Buch«, argumentiert er. »Da haben wir alle schon unser Lehrgeld bezahlt. Was ein Buch verkauft – oder einen Film oder Song –, ist Herz.« Und weiter: »Das ist der Grund, warum die politische Biografie das schwarze Loch der Buchbranche ist. Der draußen neben dem Eingang angeschlagene Name ist vielleicht eine große Nummer, aber jeder weiß, dass er, wenn er erst einmal den Eintritt bezahlt hat und drin ist, immer die gleiche alte ausgelutschte Show vorgesetzt bekommt. Und wer will dafür schon fünfundzwanzig Dollar bezahlen? Da muss Herz rein, und genau damit verdiene ich mein Geld.«

Mit seinen Worten kommuniziert der Ghost: Ich kenne die Branche und verstehe exakt die Interessen des potenziellen Kunden. *Sell a book* heißt das eingangs gezielt zweimal wiederholte, pfeilgerade auf die Zielgruppe Verleger gerichtete Zauberwort. Präzise analysiert er die Schwerverkäuflichkeit politischer Erinnerungen, bietet eine griffig formulierte Lösung an – und bringt erst dann die eigene Person als Problemlöser ins Spiel: »You've got to put in some heart, and that is what I do for a living.«

Die radikale Ausrichtung der Argumentation auf den Kundennutzen zahlt sich aus: 250.000 Dollar ist dem Verlag die Aussicht wert, dass der Ghost besser als die Konkurrenz versteht, worum es bei der Sache geht.

What's in it for me? Was bringt mir das?

Diese Frage treibt jeden Kunden um. Wer die Antwort darauf liefert, hat die Nase vorn. Das ist in Bielefeld nicht anders als in Boston.

Do not ask what your country can do for you, ask what you can do for your country

Wie man Ideen zündet und Herzen gewinnt

*E*igentlich müsste das Finanzamt die Serie *Mad Men* als steuerlich absetzbare Weiterbildungsausgabe anerkennen. Denn die Kultserie um die New Yorker Werbeagentur Sterling-Cooper bietet mehr als fabelhafte Unterhaltung. Sie empfiehlt sich als Pflichtprogramm für jeden, der wissen will, wie man Inhalte und Ideen mit angelsächsischer Eloquenz verkauft: Fast jede Mad-Men-Folge wird von einer Kundenpräsentation gekrönt. Sehenswert sind sie alle. Doch die in Folge 13 raubt den Atem.

Geben Sie »Mad Men Carousel« auf YouTube ein und verfolgen Sie, wie Kreativdirektor Don Draper seiner Agentur das Werbebudget für den ersten Kodak-Diaprojektor mit Rundmagazin sichert.

»Wir haben hier die seltene Chance, die Kunden auf einer Ebene jenseits der Funktionalität anzusprechen.« Der Kreativdirektor kommt direkt zur Sache. Zwar wollen die Kodak-Ingenieure vor allem die fortschrittliche Technik ihres Produkts kommuniziert wissen. Doch Draper hat eine wirksamere Art von Kampagne im Auge. Um seine Idee einzuführen, bringt er einen früheren Texter-Kollegen ins Spiel, einen Griechen namens Teddy, einen alten Hasen im Geschäft. Von ihm lernte Draper Nostalgie als Verkaufsargument kennen: »*Teddy sagte mir, dass Nostalgie im Griechischen wörtlich der Schmerz einer alten Wunde bedeutet, ein Sehnen Ihres Herzens, das viel mächtiger ist als die Erinnerung allein*«, sagt er und zeigt dazu verblichene Dias aus seinem Leben. »*Dieses Gerät ist kein Raumschiff.*« Klick. Ein verliebtes Paar. »*Es ist eine Zeitmaschine.*« Klick. »*Es bringt uns zu den Orten unserer Sehnsucht zurück.*« Klick. Ein kleines Mädchen auf den Schultern seines Vaters. »*Es heißt nicht* Das Rad. *Es heißt … Die Zeitmaschi-*

ne.« Klick. »*Es lässt uns reisen, wie ein Kind reist.*« Klick. »*Weiter und immer weiter und wieder nach Hause zurück.*« Klick. Ein Neugeborenes. »*Zurück an einen Ort, wo wir uns geliebt und geborgen wissen.*« Klick. Eine Braut, die über die Schwelle getragen wird. Klick. Der neue Projektor mit dem Namen »The Carousel«. Klick. Eine glückliche Familie. Licht an. Überwältigtes Schweigen, ergriffene Gesichter. Draper und seine Leute haben den Auftrag.

Pomp and Circumstance

In unseren Ohren hört sich die Art, wie Amerikaner reden und präsentieren, oft ziemlich pathetisch an. Vielleicht erscheinen Ihnen deshalb die Stilmittel, mit denen Don Draper sein Publikum packt, als suggestiv und sentimental, »typisch amerikanisch« eben. Bei uns setzt man andere Akzente und argumentiert faktenorientierter und kühler. Man könnte allerdings auch sagen: langatmiger und blasser.

Denn wenn man Obama reden hört, Steve Jobs oder Al Gore, den seit seinen auch rhetorisch brillanten Vorträgen zum Klimaschutz niemand mehr als Al Bore verhöhnt, dann hören und schauen auch viele Deutschsprecher gebannt hin. Nur sehr selten hinterlassen die Präsentationen PowerPoint-bewaffneter Produktmanagerinnen oder die Festreden stolzgeschwellter Fördervereinsvorsitzender einen vergleichbaren Eindruck. Dafür ist der bei uns übliche Vortragsstil zu wenig zuhörerorientiert. Kaum ein deutschsprachiger Redner will wahrhaben: Trockene Einzelfakten, Inhalte und Details überlasten das Gehirn. Mutet man ihm zu viel davon zu, macht es dicht.

Der anglo-amerikanische Redestil ist anders. In der angelsächsischen Kultur genießt der Transfer von Wissen an ein Nicht-Fachpublikum einen hohen Stellenwert.

Vortragskunst und Sprachlogik gelten unter Fachleuten als ähnlich wichtig wie herausragende Innovationen.

Vor diesem Hintergrund entstand ein Präsentationsstil, der sich höchst erfolgreich in der Mitte zwischen vereinfachend platt und verstiegen professoral bewegt. Ob in der politischen Rede oder beim Sales Pitch vor Kunden: Im Mittelpunkt steht die klare Botschaft. Nachgedanken und Nebenideen, die nicht unmittelbar zum Thema gehören, werden rigoros ausgemerzt. Zugespitzt ausgedrückt:

Angelsachen bereiten Fakten auf, Germanen reiten darauf herum.

Das in den angelsächsischen Ländern übliche Kuratieren der Inhalte trägt den Grenzen menschlicher Informationsverarbeitung Rechnung und schafft Platz für das, was Eindruck macht: einprägsame Wörter, wohlkalkulierte Wiederholungen, gefühlsstarke Geschichten, emotionale Momente. Diese Art der Informationsaufbereitung *ist* pathetisch, suggestiv und inszeniert. Aber sie funktioniert und gewährleistet den Transfer von Wissen an ein Nicht-Fachpublikum – nicht nur in New York, auch in Neuburg an der Donau.

Wie sonst wäre die große Beliebtheit der TED-Talks zu erklären, die als Plattform für den Ideenaustausch auch in den deutschsprachigen Ländern Kultstatus genießen? Die viertelstündigen Internetvideos über Technologie, Gesellschaft und Design sind Ableger der hochkarätig besetzten TED-Konferenzen in Monterey und Oxford. Dass die inhaltlich anspruchsvollen und rhetorisch brillanten Vorträge inzwischen weltweit Gefallen finden, hat einen einfachen Grund:

Das menschliche Gehirn tickt auf der ganzen Welt gleich: Fakten und Details verpuffen. Bilder und Geschichten bewegen.

»Reden ist Macht«, schrieb der Schriftsteller und Transzendentalphilosph Ralph Waldo Emerson. »Reden bedeutet zu überzeugen, zu bekehren, zu bezwingen.« Inhaltliche Substanz ist dafür nur eine Voraussetzung. Genauso wichtig sind rhetorischer Schliff, persönliche Glaubwürdigkeit und emotionales Engagement. Die Amerikaner machen uns vor, wie man sein Publikum fesselt und Themen klangvoll in Szene setzt.

Mehr als Effekthascherei: Rhythmus, Klang und Wiederholung

Man sagt den Amerikanern nach, sie hätten keine Geschichte. Darüber mag man geteilter Meinung sein. Niemand kann jedoch abstreiten: Rhetorisch stehen sie auf starken Schultern. Sie nutzen die Überzeugungsstrategien und Stilmittel der Antike, stützen sich auf die britische Debattierkultur mit ihrem Sinn für Zuspitzungen, beschwören die moralischen Prinzipien der Gründerväter und holen sich Inspirationen aus den rhythmischen Predigten baptistischer Pastoren.

Für das Redetalent von Barack Obama oder Steve Jobs standen also Cicero und Jefferson ebenso Pate wie Churchill und Martin Luther King.

Diese reiche Tradition führt dazu, dass sich die Angelsachsen bei Reden und Präsentationen gern und oft einer stark geformten Sprache bedienen. Die eingesetzten Stilmittel hören sich nicht nur gut an. Vor allem sollen Klang und Wiederholung die Rede verständlicher und nachhaltiger machen. Hier ist eine kleine Auswahl der effektvollsten Stilfiguren.

Anapher: Die Wiederholung eines oder mehrerer Wörter am Anfang eines Satzes. Erzeugt Struktur und Rhythmus. Das wohl berühmteste Beispiel für den Einsatz von Anaphern ist Martin Luther Kings Rede »I have a dream«. Sieben Mal hat King den Satz »Ich habe einen Traum« in seine Rede eingebaut.

Antithese: Gegenüberstellung gegensätzlicher Gedanken oder Wörter. »Ein kleiner Schritt für einen Menschen, aber ein Riesensprung für die Menschheit«, sagte Neil Armstrong, als er 1969 als erster Mensch den Mond betrat. Nach dem gleichen Prinzip formuliert auch Obama ebenso eindringlich wie einprägsam: »We cannot have a thriving Wall Street while Main Street suffers.« Es kann nicht angehen, dass die Aktiengewinne steigen, während die Arbeitnehmergehälter schrumpfen.

Asyndeton: Aufzählungen, die ohne Verbindungsworte aneinandergereiht sind. Beschleunigt das Tempo, erzeugt ein Gefühl von Gedrängheit, wie in Rudy Giuilanis Rede vor der UN-Vollversammlung: »Die Menschen kommen in großer, großer Zahl zu uns auf der Suche nach Freiheit, Chancen, Anstand, kultiviertem Miteinander.«

Polysyndeton: Das Gegenteil des Asyndetons. Alle Aufzählungspunkte werden durch *und* oder *oder* verbunden. Suggeriert Sorgfalt und unermüdlichen Einsatz, zum Beispiel in Obamas Dankesrede, nachdem er 2008 zum Präsidentschaftskandidaten ausgerufen wurde: »invest in new schools, and new roads, and science, and technology". Neue Schulen und neue Straßen und Wissenschaft und Technologie – unwillkürlich gewinnt man den Eindruck, als würde ungewöhnlich viel getan.

Epizeuxis: Drei- oder mehrfache Wiederholung eines Wortes zur besonderen Betonung. »Reiche und arme Länder haben unterschiedliche Verpflichtungen. Aber eine Verpflichtung haben wir alle gemeinsam: Action! Action! Action!« – Mit diesen Worten warb Ex-Gouverneur Arnold Schwarzenegger für eine sofortige Kehrtwende beim Ausstoß von Treibhausgasen.

Dreierfigur: Drei gleich aufgebaute Wörter oder Satzteile – und die vielleicht nützlichste Stilfigur überhaupt. Bill Gates nutzt den Dreiklang, um bei einem TED-Talk zu erläutern, was sinkende Ernten aufgrund des Klimawandels für die ärmsten Länder bedeuten: «Die Dinge werden sich auf eine Art verändern, die ihre fragile Umgebung einfach nicht aushalten kann. Und das führt zu Hunger. Das führt zu Unsicherheit. Das führt zu Unruhen. Deshalb wird der Klimawandel schrecklich für sie sein.«

Hypophora: Eine Frage, auf die der Redner selbst die Antwort gibt. Hören Sie Bill Clinton bei einer Rede vor dem Parteitag der Demokraten: »Was tut George Bush gegen unsere wirtschaftlichen Probleme? Er hat die Steuern für die Leute erhöht, die Pick-up-Trucks fahren, und die Steuern für die Leute gesenkt, die in Limousinen reisen.«

Chiasmus: Kreuzstellung zweier gleich gebauter Sätze zur Formulierung einer scharfen Antithese. Amerikanische Redenschreiber bezeichnen das Stilmittel als »rhetorischen Wendemantel«. Berühmtestes Beispiel ist Kennedys unsterblicher Satz: »Frage nicht, was dein Land für dich tun kann, frage, was du für dein Land tun kannst.«

Hochfliegend: Große Worte

Der eine sprach überdurchschnittlich viel von Ehre, Tapferkeit und Pflicht, der andere redete statistisch gehäuft von Träumen, Hoffnungen und Veränderung. Dieses Ergebnis lieferte eine maschinelle Langzeitanalyse zur Wahlkampfrhetorik von Barack Obama und John McCain, die die Linguisten Noah Bubenhofer und Joachim Scharloth an der Universität Zürich durchführten.

Vergleicht man die Zahlen mit einer vom ZDF in Auftrag gegebenen Auswertung der Parteiprogramme der großen deutschen Parteien, so zeigt sich: McCain und Obama unterschieden sich in ihren Worten und Werten weit deutlicher als etwa CDU und SPD, in deren Parteiprogrammen Vokabeln wie *Leben*, *Bildung* und *sozial* nahezu gleich oft vorkommen. Lediglich in der Verwendung der Begriffe *Wirtschaft* respektive *Arbeit* heben sich die beiden großen deutschen Parteien signifikant voneinander ab.

Man merkt daran: Im Umgang mit bedeutungshaltigen Worten und dem Besetzen charakteristischer Werte eilen uns die Angelsachsen ein paar Schritte voraus. Traditionell sind Reden in *America the Beautiful* genau wie im *Land of hope and glory* mit Schlagworten gespickt, die inspirierend klingen und beim Publikum intensive Assoziationen auslösen. Nicht nur Präsidenten und Kandidaten reden so. Auch Wissenschaftler und Manager scheuen vor großen Worten nicht zurück. In seinem Roman *Solar* zum Beispiel lässt Ian McEwan seinen Protagonisten, einen Physiker, in einer Rede über globale Erwärmung sagen: »Wir dürfen die Rechnung nicht ohne den Eigennutz machen, und müssen zugleich offen sein für Neues, den Nervenkitzel des Erfindens, für die Freude an Geistesblitzen und Zusammenarbeit, für die Lust am Profit.«

Offen, Neues, Erfinden, Freude, Zusammenarbeit, Geistesblitz – falls Sie jetzt einwenden, die Vokabeln seien austauschbare Worthülsen, haben Sie recht. Einerseits. Andererseits sollten Sie den Effekt vager, aber mit hoher Bedeutung aufgeladener Worte nicht unterschätzen: Sie heben ein Thema über die alltäglichen

Niederungen hinaus, bieten Zuhörern eine Haltung an, mit der sie sich identifizieren können, und eignen sich perfekt dazu, eine Person, ein Produkt oder eine Partei zu positionieren.

Den wohl schlagkräftigsten Beweis dafür liefert Obamas Zauberwort *Change*. Für sich allein sagt die Vokabel alles und nichts. Doch weil sie die politischen An- und Absichten des Kandidaten ebenso abbildete wie die Sehnsüchte seiner Wählerschaft, begleitete sie Obama nicht einfach als rhetorischer Sound durch den Wahlkampf. Sie schärfte sein Profil und traf den Nerv seiner Zielgruppe. Sie überzeugte, weil Obama das Wort vom Wandel mit konkreten Fakten und Absichten unterfütterte und seine gesamte Argumentation darum herumrankte.

Große Worte sind keine leeren Worte.
Es sei denn, sie hübschen die Rede nur als
Deko auf.

Um die Kraft hochfliegender Worte für sich zu nutzen, sprechen Sie deshalb am besten wie Obama und McCain Werte an, für die Sie als Person oder Unternehmen stehen und die Ihr Publikum schätzt. Überprüfen Sie große Worte von *Akzeptanz* bis *Zukunft* darauf, was Sie Ihnen bedeuten: Für welche Worte sind Sie besonders empfänglich? Welche Substantive, Verben und Akjektive beschreiben Ihre individuellen Ziele und Werte? *Buzz-words*, die zurzeit alle im Mund führen, bringen dagegen wenig Distinktionsgewinn ein. Damit keine Unklarheiten entstehen:

Große Worte müssen keine
Hochglanzworte sein.

Besonders in Krisenzeiten honorieren Zuhörer ungeschminkte Wahrheiten mehr. Churchill zum Beispiel brachte mit seiner berühmten »Toil, sweat, blood and tears«-Rede am 13. Mai 1940 die Briten mit Worten hinter sich, die alles andere als attraktiv klangen. Die schonungslose Ansage steigerte die Glaubwürdigkeit des Premierminsters und erkannte die Leistungs- und Leidensbereitschaft der Nation an.

Nicht von der Hand zu weisen: Fakten und Details

Im deutschsprachigen Raum halten wir uns viel darauf zugute, dass rationale, methodisch aufbereitete Inhalte in unseren Vorträgen die Hauptrolle spielen. Allzu viel Beredsamkeit scheint uns eher verdächtig: reißerisch, überkommerziell und irgendwie unseriös. Was zählt, sind Zahlen und Daten, am besten schön nachvollziehbar auf PowerPoint gebannt und in Maßnahmenkataloge gegossen. Die meisten angelsächsischen Redner packen die Sache pragmatischer an. Natürlich setzen sie sich in Szene, frei nach dem Motto: »All business is show business.« Selbstverständlich rütteln sie ihr Publikum mit zugespitzten Aussagen, optimistischen Visionen und eindrucksvoll gestalteten Folien aus dem Dämmerschlaf. Doch so wenig wie die schwebend scheinende Golden Gate Bridge die San Francisco Bay ohne Pfeiler überspannt, vertraut die amerikanische Rhetorik auf große Worte und Gesten allein.

Genau wie bei uns werden Thesen mit Details untermauert. Schon allein um zu zeigen: Man kennt die Faktenlage und beherrscht sein Fach.

Je ernster das Thema, desto mehr Aufmerksamkeit verwenden auch amerikanische Redner darauf, ihre Behauptungen zu stützen. Allerdings setzen sie Details und Fakten tendenziell anders ein als wir: Bevorzugt werden die Informationen weitergegeben, die unmittelbar einleuchten und ein Maximum an Zustimmung sicherstellen. Untermauert eine Information die Big Idea, *very well*. Trägt sie nichts zur Klarheit bei, würde sie die Rede nur überfrachten. Idealerweise werden Details genau in dem Moment geliefert, in dem das Publikum von sich aus danach giert. Das perfekte Timing zeigt eine Szene aus dem ersten *Wall-Street*-Film, in der Finanzhai Gordon Gekko alias Michael Douglas den düpierten Aktionären der Firma Teldar Paper reinen Wein einschenkt:

»Und Sie alle werden gewaltig übervorteilt von diesen, diesen Bürokraten mit ihren Steakessen, ihren Jagd- und Angelausflügen, ihren Firmenjets und goldenen Fallschirmen.«

An dieser Stelle geht der größte Einzelaktionär des Unternehmens dazwischen: »Das ist ja unerhört. Was erlauben Sie sich, Gekko!«

Der Protest liefert Gekko eine Steilvorlage, Zahlen auf den Tisch zu legen, die im Jahr 1987 das gleiche Reizpotenzial besaßen wie heute ein zehnfach höherer Betrag: »Teldar-Paper, Mr. Cromwell, Teldar-Paper hat 33 verschiedene Vizepräsidenten. Jeder von Ihnen verdient mehr als 200.000 Dollar im Jahr. Ich habe mal versucht, in den letzten zwei Monaten zu analysieren, was alle diese Leute tun, und ich komme immer noch nicht dahinter …«

Gekko darf sich der gebannten Aufmerksamkeit sicher sein: Wenn die Spannung im Raum vibriert, gewinnen auch die Fakten an Brisanz, die normalerweise am übersättigten Gehirn vorbeirauschen.

Kritiker mögen dagegen einwenden, die amerikanische Rhetorik neige dazu, Zahlen und Daten zu instrumentalisieren. Das ist aber allenfalls ein Teil der Wahrheit. Für den angelsächsischen Redestil spricht, dass er mit der Aufmerksamkeit der Zuhörer ökonomisch umgeht, indem er die Informationsfülle beschränkt. John F. Kennedy brachte das Prinzip plakativ auf den Punkt:

»Eine gute Rede ist wie ein Bikini –
knapp genug, um spannend zu sein, aber
alle wesentlichen Stellen abdeckend.«

Ohnehin bedeutet inhaltliche Dichte mehr und anderes als eine nicht enden wollende Litanei von Einzelfakten:»Substanz kann auch heißen«, gibt der Politikwissenschaftler Bryan Garsten von der Universität Yale zu bedenken,»dass eine Rede den Zuhörern eine wirkliche Argumentation, einen Gedankengang zumutet.« Genau darin ist Präsident Obama stark. Zwar diffamieren Gegner sein auch für amerikanische Verhältnisse herausragendes Redetalent gern mal als Zeichen mangelnder Substanz. Doch die Züricher Textanalyse förderte mithilfe eines Hochleistungsrechners zutage, was so manches Vorurteil widerlegen dürfte: Obamas Reden enthalten zwar große Worte, einprägsame Botschaften und viele Beispiele, die der amerikanischen Mittelschicht aus der Seele sprechen. Das heißt aber nicht, dass der Präsident eine Rhetorik der Worthülsen und einfachen Wahrheiten pflegt. Im Vergleich mit seinem deutlich plakativer formulierenden Ex-Wahlkampfgegner McCain bildet Obama längere Sätze, verwendet grammatikalisch komplexere Strukturen, verzichtet öfter auf Superlative und spart auch internationale und Klimathemen nicht aus. Eloquenz und Substanz, Rhetorik und intellektueller Tiefgang sind somit kein Widerspruch, sie gehören zusammen.

Denn Rhetorik ohne Substanz bleibt hohl.
Und Substanz ohne Rethorik verflüchtigt
sich.

Einfach gut: Schlichte Gedankenketten

Angelsachsen setzen mehr auf die Wirkung einer Rede als auf die erschöpfende Behandlung des Themas. *Succinct and to the point* lautet das Ideal, das alle Arten der Präsentation umfasst: vom Elevator Pitch, der Kurzvorstellung der eigenen Gedanken, bis hin zur Rede vor großem Publikum. Schon Schüler lernen, die ausufernden Gedanken zu bündeln und leicht merkbar und passgenau begründet auf den Punkt zu bringen. In der TV-Serie *Gossip Girl* präsentiert der 16-jährige Eliteschüler Dan seinen Wunsch, am renommierten Dartmouth College zu studieren, wirksam im Dreisatz strukturiert: »Die Prinzipien der Gemeinschaft in Dartmouth unterstreichen Integrität, Verantwortung und Respekt. Also ich habe in St. Jude Integrität gelernt, als älterer Bruder weiß ich, was Verantwortung bedeutet, und weil meine Eltern ziemlich viel geopfert haben, um mich auf diese Schule zu schicken, weiß ich, was Respekt ist. Auf den Punkt gebracht heißt das: Dartmouth ist mein Traum.«

Was so schlüssig klingt, erfordert einen erheblichen gedanklichen Vorlauf. Man muss es erst einmal schaffen, die eigenen Fähigkeiten in einem Bewerbungsinterview oder einer Auftragsverhandlung so schlüssig zuzuspitzen und zu begründen. Immerhin: Egal, ob 3-Minuten-Präsentation oder 30-Minuten-Vortrag, der klassische dreiteilige Aufbau bietet ein tragfähiges Gerüst. Dass das Gliederungsprinzip alt und alles andere als überraschend ist, tut seiner Nützlichkeit keinen Abbruch.

Selbst Innovationsweltmeister Steve Jobs, dem es gewiss nicht an überraschenden Einfällen mangelt, gliedert seine Reden bevorzugt im bewährten Dreischritt.

Ein Beispiel dafür liefert seine als herausragend geltende Ansprache vor den Stanford-Absolventen des Jahrsgangs 2005: *How to live before you die*. Jobs beginnt die Rede mit einem typisch angelsächsischen Einstieg – selbstironisch und persönlich:

»Truth be told, I never graduated from college and this is the closest I've ever gotten to a college graduation.«

»Ehrlich gesagt – ich habe nie das College abgeschlossen, und noch nie war ich einer Abschlussfeier so nahe.«

Danach erzählt er drei sehr private Geschichten: Die erste handelt davon, wie sich scheinbar zufällige Erfahrungen am Ende zu einem großen Ganzen fügen. In der zweiten geht es um Liebe und Verlust. Die dritte Geschichte handelt vom Tod, der angeblich besten Erfindung des Lebens. Aus diesen drei Erfahrungen heraus gibt Jobs den Absolventen das Motto mit auf den Weg, nach dem er selbst lebt und handelt:

»Stay hungry, stay foolish.«

Eine pseudobescheidene Einleitung, drei Geschichten, ein Schlusssatz, den man nicht alle Tage hört – mehr Gerüst braucht es nicht, um eine großartige Rede zu halten. Noch weniger geht auch. Eine meiner persönlichen Lieblingsreden stammt aus *Harry Potter und der Orden des Phönix* und kommt mit 25 Worten aus: »An unsere Neuen«, sagt Dumbledore mit herzlicher Wärme, »willkommen. An unsere alten Hasen – willkommen zurück! Es gibt eine Zeit, um Reden zu halten, aber dies ist sie nicht. Haut rein.«

Einleuchtend: Bilder, Vergleiche und Analogien

Vielleicht färbt Hollywood auf ihre Rhetorik ab. Auf jeden Fall verstehen sich angelsächsische Redner darauf, einen inneren Film in den Köpfen der Zuhörer zum Laufen zu bringen: PowerPoint-Präsentationen werden großformatig bebildert statt wie bei uns kleinteilig beschriftet. Bei Reden bringen konkrete Wörter, Vergleiche, Beispiele und Metaphern die Synapsen zum Feuern und öffnen dem Publikum die Augen. Die folgende 30-Sekunden-Rede des früheren Coca-Cola-Chefs Bryan Dyson ist ein typisches Beispiel dafür:

»Stellen Sie sich das Leben als Spiel vor, bei dem Sie die folgenden fünf Bälle jonglieren: **Arbeit, Familie, Gesundheit, Freunde** *und* **Spiritualität**, *und Sie halten sie alle gleichzeitig in der Luft.*

Sie werden bald merken, dass Arbeit ein Gummiball ist. Fällt dieser Ball zu Boden, springt er sofort wieder hoch. Die anderen vier Bälle dagegen – Familie, Gesundheit, Freunde und Spiritualität – sind aus Glas gemacht. Lassen Sie einen davon fallen, ist er unwiderruflich abgestoßen, angeschlagen, eingekerbt, beschädigt oder sogar zerbrochen. Er wird nie mehr wie vorher sein. Das müssen Sie verstehen und einkalkulieren.

Arbeiten Sie während der Bürozeiten effizient und gehen Sie pünktlich nach Hause. Nehmen Sie sich die nötige Zeit für Ihre Familie und Ihre Freunde und erholen Sie sich richtig.«

Der amerikanische Blogger Henry James Vasquez schreibt Metaphern und Metaphernfeldern eine fast schon hypnotische Wirkung zu: Ähnlich wie in dem Film *Inception* ermöglichen sie, Gedanken ins Unterbewusstsein von Menschen einzupflanzen. Anders als im Kino sind dafür keine utopischen Technologien erforderlich. Im wahren Leben reicht eine Augen öffnende Metapher, Verstehen zu fördern und neue Gedanken anzustoßen.

Schauen wir uns dazu Dysons Ansprache noch einmal an: Der CEO beginnt mit einem Vergleich, den wir alle so oder ähnlich schon einmal gehört oder verwendet haben. Doch Dyson bleibt bei dem an sich abgedroschenen Bild nicht stehen. Er spinnt die Metapher weiter und weist den Bällen unterschiedliche Eigenschaften zu. Plötzlich gewinnt das Klischeebild Dynamik und vermittelt eine Einsicht, die uns in dieser Klarheit bisher entgangen ist: Nicht nur das Ausbalancieren der verschiedenen Lebensbereiche hält uns in Atem, obendrein sind die Bälle, die wir jonglieren, auch unterschiedlich fragil. Die erweiterte Metapher rüttelt den Geist wach – und überzeugt viel subtiler als Dysons dröger Appell im dritten Absatz. Am besten lassen Sie deshalb Bilder und Beispiele für sich sprechen und vermeiden, die Moral von der Geschichte hinterherzuschieben.

Metaphern entfalten ihre Bedeutung am schönsten ohne Hilfestellung. Wer sie ausbuchstabiert, zerstört den Zauber.

Drastisch: Aufdressierte Zahlen

Auch technische und wirtschaftliche Zusammenhänge dringen leichter in die Köpfe, wenn man sie bildhaft erklärt. Wieder einmal liefert Mastertalker Steve Jobs das griffigste Beispiel. Der 2001 eingeführte Ur-iPod besaß einen Speicher von damals gigantischen fünf Gigabyte. Nerds wussten diese Größenordnung natürlich zu würdigen. Doch Jobs wollte auch Hardware-Analphabeten jenseits der Technikszene erreichen. Ihnen vermittelte er mit einem kurzen Satz, was an fünf Gigabyte so toll sein sollte: Tausend Songs konnte man sich damit locker in die Tasche stecken.

Was hat mehr Strahlkraft? 5 Gigabyte oder
1000 Songs zum Überall-dabei-Haben?
Reden Sie von Zahlen, die zählen!

Natürlich bringen auch deutschsprachige Redner vereinzelt Zahlen zum Sprechen. In den USA ist das Prinzip aber so verbreitet und bekannt, dass es sogar einen Namen dafür gibt: *social math*. Die »soziale Mathematik« bettet Zahlen in einen gesellschaftlichen, für die Zuhörer möglichst relevanten Kontext ein und öffnet damit eine neue, emotionale Dimension des Begreifens.

Ein Beispiel: Natürlich findet es jeder erschreckend, wenn jährlich 20 Millionen Hektar Regenwald abgeholzt werden. Doch nur Menschen mit land- und forstwirtschaftlichem Hintergrund erfassen die Größenordnung wirklich. Alle anderen tun sich leichter, wenn sie hören, dass die abgeholzte Fläche in etwa so groß wie England ist. Die Wirkung lässt sich aber noch steigern: Mit einer Prise *social math* können Sie den Wahnsinn nicht nur verständlich, sondern erfahrbar machen. Zum Beispiel so:

»Würde jeder Mensch in den USA seine Seitenränder von 3 cm auf 2 cm ändern, würden wir so viel Papier sparen, dass wir jedes Jahr einen Wald etwa in der Größe von Rhode Island retten könnten.«

Die Aussage ist schnittig formuliert und lässt so manche Frage ungelöst. Doch eine Rede ist keine Doktorarbeit. Wer verstanden werden will, setzt besser auf plakative Wegweiser statt untadelige Vollständigkeit. Angelsächsische Redner präsentieren Daten deshalb so simpel wie möglich (und liefern die Zahlenwerke bei Bedarf als Handout nach).

Dahinter steht die Einsicht: Häufig zählt nicht die abstrakte Zahl. Sondern deren Bedeutung.

Die Fähigkeit, Zahlen und komplexe Konzepte durch passende Metaphern oder Vergleiche zu verdeutlichen, schafft auch in Besprechungen und Verkaufsgesprächen Klarheit – und ist oft ein Faktor, der Fach- und Führungsleute voneinander unterscheidet. Schauen Sie sich dazu eine Szene aus dem Film *Armageddon* an. Ein riesiger Asteroid rast auf die Erde zu, sein Aufprall würde die Menschheit auslöschen. In einem Telefonat informiert die NASA den Präsidenten.

»Was ist dieses Ding?« fragt der Präsident hörbar angenervt. »Über welche Größenordnung sprechen wir?«

Der hinzugezogene Wissenschaftler kennt die Antwort aufs Komma genau: »Sir, unsere beste Schätzung ist 97,6 Milliarden.«

Die Antwort ist korrekt – aber nicht richtig.

Denn auch der Präsident kann sich unter 100 Milliarden nicht viel vorstellen. NASA-Chef Dan Truman alias Billy Bob Thornton formuliert daher hirngerecht: »Er hat die Größe von Texas, Mr. President.«

Verbindend: Wir-Gefühl und common ground

Das Wort *Konsensrhetorik* genießt bei uns einen erstaunlich schlechten Ruf. Gibt man den Begriff bei Google ein, steht er auf deutschsprachigen Websites in unmittelbarer Nähe von Wörtern wie *unrealistisch, verschwommen, beliebig, zaghaft* und *hohl*. Der einzige positive Wortnachbar ist die Vokabel *konflikreduzierend*. Sie immerhin lässt ahnen: Es könnte sich durchaus lohnen, Gemeinsamkeiten und Übereinstimmungen sprachlich stärker hervorzuheben.

Die Amerikaner wissen das längst. Egal, ob man die USA als Schmelztiegel oder moderner als Salatschüssel sieht – in einem Land, das eine kulturelle und ethnische Vielfalt aufweist wie kaum ein zweites auf der Welt, hat sich herumgesprochen:

Es dient der Sache, das Verbindende innerhalb des Trennenden zu betonen.

Leider trübt gerade im Moment die aggressive Rhetorik der ultrakonservativen Tea-Party-Bewegung das Bild. Trotzdem gehört in den USA das Beschwören des *common ground*, der gemeinsamen Interessen, schon aus Gründen des *common sense* zu den rhetorischen Selbstverständlichkeiten. Die Kommunikationstechnik ist nach dem amerikanischen Psychotherapeuten Carl Rogers benannt, dem Erfinder der klientenzentrierten Gesprächstherapie. Anders als die von Pro und Kontra geprägte klassische Rhetorik setzt die *Rogerian rhetoric* auf Dialog und Kooperation, um eine Basis für Vertrauen und Verständigung zu schaffen. Die Grundsatzrede an die islamische Welt, die Barack Obama 2009 in Kairo hielt, könnte deshalb direkt einem Lehrbuch der Konsensrhetorik entnommen sein:

»Wir müssen uns dauerhaft bemühen, einander zuzuhören, voneinander zu lernen, einander zu respektieren und eine gemeinsame Grundlage zu finden.«

Prägnanter lässt sich nicht sagen, worauf die Common-Ground-Rhetorik setzt. Statt zu erklären, warum man selbst die bessere Position vertritt, erkundet und wertschätzt man als Erstes die verschiedenen Standpunkte. Dahinter stehen weder Schwäche noch Unfähigkeit zur Auseinandersetzung. Der Wille, das Verbindende zu würdigen, bevor man das Trennende debattiert, ist der durch und durch pragmatische *American way*, Herausforderungen anzupacken – *getting things done*.

Die Einladung zur Kooperation produziert einen ganz eigenen Sound. Lesen Sie dazu noch einmal einen Mini-Ausschnitt aus einer Obama-Rede:

»We may not agree on abortion but sureley we can agree to reduce the number of unwanted pregnancies in America.«

»Wir mögen uns in Bezug auf Abtreibungen nicht einig sein, aber sicher stimmen wir in dem Bestreben überein, die Anzahl ungewollter Schwangerschaften in Amerika zu reduzieren.«

In einem einzigen Satz spricht Amerikas oberster Mediator die bestehenden Differenzen an, schlägt ein für alle attraktives Ziel vor und stiftet mithilfe der Vokabeln *wir* und *einigen* ein Gefühl von Gemeinschaft und Identifikation.

Wenn so unterschiedliche Politiker wie Barack Obama, George W. Bush, Hillary Clinton oder Jesse Jackson den *common ground* bemühen, dann tun sie das alle aus genau einem Grund: um Skeptiker und Gegner zu beschwichtigen und alle Interessengruppen ins Boot zu holen. Sie folgen damit übrigens einer sperrig formulierten, aber inhaltlich glasklaren Empfehlung einer parteiübergreifenden Arbeitsgruppe des 107. Kongresses. »Der Schlüssel, Debatten und Dialoge effektiv zu führen, liegt in der richtigen

Abfolge: Der Dialog muss der Debatte vorausgehen«, heißt es darin. »Der Dialog schafft die gemeinsame Sprache und den gemeinsamen Rahmen, das gegenseitige Vertrauen und Verstehen, die dazu führen, dass die nachfolgende Debatte, Verhandlung und Entscheidungsfindung produktiver und effektiver verlaufen.«

Die Suche nach der gemeinsamen Plattform ist auch in weniger staatstragenden Reden ein Erfolgsfaktor. Vor allem am Anfang von Vorträgen und Präsentationen erweist es sich als klug, die Zuhörer aktiv einzubeziehen. Der folgende Redeanfang der Mammographie-Expertin Deborah Rhodes über ein neues Verfahren zur Tumorerkennung zeigt, warum.

»Beim Mammographie-Screening gibt es zwei Gruppen von Frauen«, beginnt ihr Vortrag bei der TEDwomen-Konferenz im Dezember 2010. »Frauen, bei denen die Mammografie sehr gut funktioniert und Tausende von Leben gerettet hat. Und Frauen, bei denen sie überhaupt nicht gut funktioniert. Wissen Sie, welcher Gruppe Sie angehören?«

Die Frage trifft ins Schwarze. Sechs einfache Worte stellen den *common ground* zwischen Rednerin und Publikum her. Ab jetzt ist jedem einzelnen Zuhörer klar: Das ist kein abstraktes, technisches Thema.

Das betrifft mich. Und wenn schon nicht mich, dann meine Frau, Mutter, Tochter, Schwester.

Persönlich: Eins mit der Sache

Als Angela Merkel 2009 als erste deutsche Regierungschefin vor dem US-Kongress sprach, schnitt sie unter anderem die Themen Nahost-Konflikt, internationaler Terrorismus und Klimawandel an. Davor aber erzählte sie eine Geschichte. Ihre Geschichte.

»Das Land der unbegrenzten Möglichkeiten – es war für mich lange Jahre meines Lebens das Land der unerreichbaren Möglichkeiten. Mauer, Stacheldraht, Schießbefehl – sie begrenzten meinen Zugang zur freien Welt. So musste ich mir aus Filmen und Büchern, die teilweise meine Verwandten aus dem Westen schmuggelten, ein Bild von den Vereinigten Staaten von Amerika machen.«

Und weiter:»Ich habe mich, wie viele andere Teenager auch, begeistert für Jeans einer bestimmten Marke, die mir meine Tante aus dem Westen regelmäßig geschickt hat. Ich habe mich begeistert für die Weite der amerikanischen Landschaften, die den Geist der Freiheit und Unabhängigkeit atmen. Gleich 1990 sind mein Mann und ich das erste Mal in unserem Leben nach Amerika geflogen, nach Kalifornien. Niemals werden wir den ersten Blick auf den Pazifischen Ozean vergessen. Er war einfach grandios.«

Der Kongress nahm Merkels durch und durch »amerikanische« Rede mit Ovationen auf. Indem die Kanzlerin ihre Person mit dem Gegenstand ihrer Rede und dem Erfahrungshintergrund ihres Publikums verband, erwarb sie sich genau die Art von Glaubwürdigkeit, die Barack Obama in Berlin erzielte, als er sein Publikum mit seiner ganz persönlichen Geschichte für sich gewann:

»Ich weiß, dass ich nicht so aussehe wie die Amerikaner, die vor mir in dieser großartigen Stadt gesprochen haben. Die Reise, die mich hierher führte, ist unwahrscheinlich. Meine Mutter ist im Herzen Amerikas geboren, doch mein Vater hütete in seiner Kindheit Ziegen in Kenia.«

Sie merken: Reden im angelsächsischen Stil können sehr persönlich werden. Während wir dazu neigen, uns hinter der Sache zu verschanzen, steht man jenseits von Kanal und Teich mit seiner ganzen Persönlichkeit für sein Thema ein. Ungeniert und – denken Sie an Don Drapers Sales Pitch! – mit großem Erfolg werden Fachinhalte mit eigenen Erfahrungen und Erinnerungen verquickt, Denk- und Lernprozesse offengelegt, Rückschläge und Unsicherheit offenbart, Begeisterung oder Ergriffenheit geäußert. Wir auf Professionalität gepolten Deutschen wirken mit unseren nüchternen Worten und Datencharts im Vergleich dazu reichlich blass.

Unsere Rhetorik ist zwar objektiver.
Doch reißt sie auch mit?

Überwindet sie die Wissens- und Interessenkluft, die uns von unserem Publikum trennt? Lässt sie uns glaubwürdig, sympathisch und inspirierend wirken? Und wie viel graue Theorie bleibt in den Köpfen überforderter Zuhörer hängen?

Auch wenn sich viele Kongressabgeordnete vermutlich nur noch vage an Angela Merkels Rede erinnern: Ihre aus dem Westen eingeschleusten Jeans haben sich als Sinnbild für amerikanische Beliebtheit ziemlich sicher im Gedächtnis der Kongressmitglieder festgekrallt. Hätte die Kanzlerin stattdessen aus einer Studie über die prozentuale Zustimmung der Deutschen zur US-Poltik zitiert, wäre sie zwar auch im Ausland dem sehr deutschen Ideal der objektiven, verifizierbaren Informationsvermittlung nachgekommen. Doch die Zahlen wären längst vergessen und überholt.

»Sell yourself first, then sell the product.« Die viel zitierte amerikanische Marketing-Weisheit bringt auf den Punkt, wie man sich und sein Thema bei Reden und Präsentationen am besten vermarktet:

Verkaufen Sie erst sich und Ihre
Beweggründe. Danach fallen Ihre Inhalte
auf umso fruchtbareren Boden.

Denn berührende Informationen über die eigene Person stimmen die Zuhörer wohlwollend und erzeugen einen »Halo-Effekt«, ein Strahlen, das sperrigere, strittigere Teile Ihrer Rede weniger sichtbar macht. Wer sich als Person nicht einbringt, verzichtet auf diesen Bonus.

Einnehmend: Wohldosierte Selbst-PR

Allerdings können unangemessene Geschichten auch schaden. Zu viel Persönliches wirkt geschwätzig, zu viel Brillanz überheblich. Don Draper beugt dieser Gefahr vor, indem er keine Hochglanzfotos aus seinem Familienalbum zeigt, sondern amateurhafte Schnappschüsse. Angela Merkel übt sich in Bescheidenheit und erzählt von Jeans und der ersten privaten Reise in die neue Welt. Harry-Potter-Autorin und Multimillionärin Joanne K. Rowling lässt Collegeabsolventen an den Ängsten und Kämpfen teilhaben, die sie als Sozialhilfeempfängerin vor ihrem Welterfolg durchlebte. Der mit dem Turing-Award ausgezeichnete Mathematiker Richard Hamming begann seinen berühmt gewordenen und für jeden Wissenschaftler auch nach 25 Jahren noch höchst empfehlenswerten Vortrag *You and Your Research* mit dem informellen Satz: »Now, how did I come to do this study?«

Das Motiv, das er anführt, klingt alles andere als erhaben: Der Neid des jungen Wissenschaftlers auf die Nobelpreisträger Hans Bethe und Richard Feynman, denen er zuarbeitete, trieb ihn an: »Ich bin ein paar ziemlich fähigen Leuten begegnet. Ich entwickelte großes Interesse daran, was die, die es schafften, von denen unterschied, die es hätten schaffen können.«

Mit selbstironisch gefärbten Einblicken ins eigene Privat- und Seelenleben nahm auch Stephanie zu Guttenberg ihre Zuhörer für sich ein. »Mein unmöglicher Mann hat mir vor anderthalb Stunden dieses Redemanuskript zugesteckt«, sagte sie bei der Bambi-

Verleihung 2010 in Vertretung ihres Mannes, »auf die politische Gemengelage verwiesen, irgendwie so ein ›Ich liebe dich‹ gemurmelt und betont, dass er die Rede im Zweifel frei gehalten hätte. Was ich jetzt verlese, kommt jedoch von seinem wie auch von meinem Herzen, und denken Sie sich einfach in den nächsten Worten Ihren Verteidigungsminister in dieses Abendkleid.« Womit bewiesen wäre: Der persönliche angelsächsische Redestil erobert auch bei uns das Publikum. Dass die Guttenbergs, obwohl sie ihn fabelhaft beherrschen, von der politischen Bildfläche verschwunden sind, daran ist nicht ihre Rhetorik schuld.

And though it is much to be a nobleman, it is more to be a gentleman

Warum die feine angelsächsische Art mehr ist als gute Manieren und warum das Gentleman-Ideal nie aus der Mode kommt

Steppjacken und Gummistiefel, Kletterrosen und Chesterfield-Sofa, Gentlemen-Club und Antiquitäten, Malt Whisky, Golf und versilberte Konfitürenständer. Man muss nicht Rosamunde Pilcher kennen, um eine recht genaue Vorstellung davon zu haben, wie ein Leben im englischen Stil aussehen könnte. Auch das amerikanische Pendant des gepflegten Lebens lässt sich mit wenigen charakteristischen Stilelementen wachrufen: Blazer, Button-down-Hemd, Clubsessel. Oder, in der lässigeren Variante, Polohemd und Chino-Bermudas. Marken wie Gant, Tommy Hilfiger oder Lexington bauten auf den weltweit attraktiven Klischees der Ivy-Leage/Martha's-Vineyard-Variante des American Dream ihre höchst erfolgreichen Textil- und Home-Collections auf. »I'm not just selling clothes. I'm offering a world, a philosophy of life«, wirbt Ralph Lauren und das deutsche Stimmengewirr in seinen Outlet-Stores in Las Vegas, Orlando oder Hilton Head legt den Schluss nahe:

Auch wir legen uns die gefühlte Zugehörigkeit zum Lebensstil angelsächsischer Eliten liebend gern in die Koffer.

Denn mit den englischen oder amerikanischen Lifestyle-Objekten entscheiden wir uns nicht einfach für einen Modestil. Dafür sieht der Look viel zu zeitlos bodenständig aus. Eher schon drückt eine Vorliebe für angelsächsischen Schick die Sehnsucht nach dem Lebensgefühl aus, für das der Gentleman und ebenso die Gentlewoman Pate steht: einer Mischung aus Form und Format, in der sich Gewandtheit, Geschmack und Charakter auf unspektakuläre Weise zu dem verbinden, was auf Deutsch die feine englische Art heißt.

Das Gentle(wo)man-Ideal

Das Merriam Webster's Dictionary definiert den Gentleman als Person von guter oder adeliger Geburt. In den Augen des englischen Philosophen der Aufklärung John Locke wird man zum Gentleman aber nicht geboren, sondern erzogen, und George Bernard Shaw setzt nach, ein Gentleman sei jemand, der der Welt mehr gibt, als er ihr nimmt. Wieder einen anderen Aspekt steuert Mark Twain bei: Man müsse nur genug Geld verdienen, schreibt er, und alle Welt würde sich verschwören, einen als Gentleman zu bezeichnen. Charles Dickens ätzte, so etwas wie einen amerikanischen Gentleman kenne er nicht, Gott möge ihm dafür vergeben, die beiden Wörter überhaupt in einem Atemzug zu nennen, und von Marlene Dietrich stammt der wunderbare Satz: »I am at heart a gentleman.« – Im Herzen bin ich ein Gentleman.

Ja, was denn nun?

Muss man Brite, wohlhabend und aus besonderer Familie sein, um das Zeug zum Gentleman zu haben? Oder reichen vielleicht doch gute Manieren, ein anständiger Anzug und ein ebensolches Jahreseinkommen, um als solcher durchzugehen, egal, in welchem Land man geboren ist? Und was ist mit der Gentlewoman? Ein weibliches Pendant zum Gentleman, gibt es das überhaupt?

Fangen wir mit der letzten Frage an. Jane Austen und ihre Heldinnen repräsentierten es noch, das Ideal der selbstbewussten, kultivierten Gentlewoman. Danach geriet das Wort anders als sein männliches Pendant weitgehend in Vergessenheit. Wie der Zufall so spielt, erlebt es gerade eben ein Revival: als Titel des zweimal jährlich erscheinenden Magazin *The Gentlewoman*. Stilbewussten gilt es als die begehrteste Frauenzeitschrift, die es derzeit am Kiosk zu kaufen gibt. Chefredakteurin Penny Martin erklärt die Philosophie des Hefts mit einem Satz, der auch als Formel für das schwer fassbare Gentle(wo)man-Ideal dienen kann: »The ethos is having one part fashion to four parts other things.«

Ein Fünftel Mode – oder weiter gefasst, äußere Form – und vier Fünftel anderes machen also die Gentlewomen, den Gentleman von heute, aus. Dass Penny Martin den vier Fünftel großen Rest undefiniert lässt, hat einen einfachen Grund: Er ist vage und lässt sich mit allem Möglichen füllen. Versuchen wir also, ob uns das Wort *gentle* seinem Wesen näherbringt. Es bedeutet so viel wie freundlich, einfühlsam, liebenswürdig, vornehm, dezent – und beschreibt damit Eigenschaften, die von Zurückhaltung zeugen und Feingefühl. Nur im veralteten Sinn schwingt auch die edle Herkunft darin mit.

Im weitesten Sinn beschreibt gentle *also einen Menschen, dessen angenehme, unaufdringliche Art weder aufgesetzt ist noch erkennbar angelernt, sondern zweite Natur.*

»Es geht um ein ethisch gemeistertes und ästhetisch geformtes Leben«, formuliert der Marburger Philosoph Joachim Kahl und begründet das Wunschbild vom Gentleman als internationales Persönlichkeitsideal für beide Geschlechter. Über einen Sinn für Geschmack und Stil hinaus zeichnen sich Gentle(wo)men durch eine weltoffene und höchst machbare Mischung aus Selbstbehauptung, Selbstbegrenzung, Fairness und *common sense* aus.

Grundsätzlich steht es jedem offen, nach diesem Leitbild zu leben. Trotzdem ist das Gentleman-Ideal nicht ganz klassenlos. Wer es für sich anstrebt und kultiviert, gehört meistens einer etablierten Schicht an. Dennoch muss man weder superreich noch aristokratisch sein, um es glaubhaft zu verkörpern. Andererseits geht niemand als Gentleman oder Gentlewoman durch, nur weil er oder sie aus gutem Haus stammt oder es zu Geld und Ansehen gebracht hat. Als Gentle(wo)man wird man wahrgenommen –

man kann sich nicht dazu erklären. Im Gegensatz zu einem Adelstitel verliert man das Prädikat, wenn man den grundlegenden Ehr- und Verhaltenskodex missachtet.

»You know it when you see it«, nennen die Amerikaner in Anlehnung an eine berühmte Supreme-Court-Regelung Phänomene, die für jeden erkennbar auf der Hand liegen, sich aber objektiv nicht hundertprozentig begründen lassen. Die Erklärung beschreibt das Gentleman-Ideal perfekt: Man weiß, wann man einen Gentleman oder eine Gentlewoman vor sich hat – auch wenn es keine hieb- und stichfeste Definition dafür gibt.

Vielleicht können wir uns deshalb auf die folgende Deutung einigen: Der perfekte Gentleman ist mehr ein John F. Kennedy als ein George W. Bush, die moderne Gentlewoman mehr eine Carrie als eine Samantha, und ein Magazin, das sich *The Gentlewoman* nennt, würde vermutlich Kate Middleton, aber niemals Paris Hilton aufs Cover setzen. Denn die feine angelsächsische Art überzeugt durch subtile Zurückgenommenheit. Alles Schrille, Ostentative ist ihr fremd. Zu viel Selbstgewissheit übrigens auch.

Kindness goes a long way oder: Nett wirkt

»That's not a nice way«, sagen die Briten und Amerikaner, wenn sich jemand so benimmt, dass wir ihm die feine angelsächsische Art rundheraus absprechen würden. Der Satz klingt recht milde. Doch was sich nur wie leise Enttäuschung anhört, ist in Wahrheit ein vernichtendes Sozialurteil.

Not nice **– in den etablierten Schichten bedeutet dieses Urteil, rüde auf Kosten anderer nach eigenen Interessen zu streben.**

Vor diesem Hintergrund erscheint plötzlich ein Satz von Barbara Bush in neuem Licht: »War is not nice«, formulierte die frühere First Lady einmal. Der Kommentar hört sich in unseren Ohren verniedlichend an, so als würde man ein Kind tadeln, weil es nicht Danke sagt. Im englischsprachigen Kulturraum versteht man den Satz anders: als nachdrücklichen, obgleich nicht aggressiv formulierten Protest.

In der Soziolinguistik hat die typisch angelsächsische Form der Höflichkeit einen eigenen Namen: *negative politeness* heißt die taktvolle Mischung aus Wohlwollen und Wohlerzogenheit, die sich selbst zurücknimmt aus Rücksicht auf den Gesprächspartner und dessen Individualität. Wie angenehm sie klingt, war kürzlich in einem Interview mit dem britischen Schauspieler Matthew Goode zu hören, der aus Filmen wie *Match Point* und *Wiedersehen mit Brideshead* bekannt ist: Selbst am Ende eines anstrengenden Arbeitstags begrüßt der Schauspieler den x-ten Journalisten mit der bescheidenen Freundlichkeit des Gentleman: »Es tut mir leid. Sie fliegen extra her, um mit mir zu sprechen, und treffen auf ein Wrack. Ich verspreche, dass ich mir Mühe geben werden. Bitte setzen Sie sich doch.«

Die drei Sätze enthalten viel von dem, was uns die Angelsachsen in Sachen verbindlicher Ausdrucksweise voraus haben: ritualisierte Entschuldigungen als Zeichen von *good will*, Gespür für den Gesprächspartner, Selbstironie und persönliche Bescheidenheit. Weitere Ausprägungen der konsensfördernden, indirekten Rhetorik sind Frageanhängsel wie »nicht wahr?« und »wenn es Ihnen nichts ausmacht«, großzügige Einwürfe wie »Ja, das ist ein guter Punkt. Daran habe ich nicht gedacht«, unpersönliche, niemanden verletzende Wendungen wie *it appears* oder *there seems to be* und die sensible, niemanden verletzende Wortwahl der *political correctness*.

Die wohlklingenden Stilmittel erhalten die gute Beziehungsebene und verleihen dem, der sie einsetzt, die gelassen-überlegene Wirkung eines Menschen, der zu sehr in sich ruht, um sich in den

Vordergrund spielen zu müssen. »Die Verfeinertheit und zurückhaltende Würde von Strategien der *negative politeness* ist ein natürliches Symbol für hohen Status und entspricht ihrem Wesen nach aristokratischen Werten«, schreiben die Psycholinguisten Penelope Brown und Stephen C. Levinson in einem Grundlagenaufsatz zur negativen Höflichkeit.

Dazu passt, dass die gesichtswahrende, Druck und Dünkel vermeidende Kommunikation vor allem von Führungspersönlichkeiten gepflegt wird. So hat der schwedische Anglist Mats Deutschman in einer Analyse mehrerer Tausend Gesprächssituationen zwischen Edinburgh und London festgestellt:

Statushöhere nehmen viel häufiger die Schuld auf sich als Statusniedrigere.

Der Chef sagt eher *sorry* als die Mitarbeiterin, die Ärztin entschuldigt sich häufiger als der Patient, und mit größerer Wahrscheinlichkeit nimmt – wie gerade gesehen – ein sehr bekannter Filmschauspieler einem nicht ganz so bekannten Journalisten eher die Befangenheit als umgekehrt. Anders als bei uns scheint dabei niemand zu fürchten, die schöne Geste könnte als Schwäche ausgenutzt werden.

Wer in der Rangordnung weiter oben steht, leistet sich den Luxus, zu bitten statt anzuordnen.

Dass und wie die Höflichkeit funktioniert, die den Anschein von Gleichheit wahrt, zeigt eine Szene aus Frederick Forsyths jüngstem Thriller *Cobra*:

»›Tut mir leid, dass ich Sie um diese Zeit störe‹, sagte der Präsident, und sofort wurde ihm versichert, er störe keineswegs. ›Ich brauche ein paar Informationen und vielleicht einen Rat. Könnten Sie heute früh um neun im Westflügel sein?‹ Nur aus Höflichkeit war der Satz mit einem Fragezeichen versehen. Präsidenten geben Anweisungen. Der Direktor der DEA würde um neun im Oval Office sein.«

Tut mir leid, ein *paar* Informationen, *vielleicht* einen Rat, *könnten Sie* – der amerikanische Präsident pflegt genau die Sprachgewohnheiten, deren letzte Reste der deutsche Führungsnachwuchs im Managementseminar loszuwerden sucht. Rang zeigen, Revier verteidigen, Klartext reden lautet bei uns die Devise. So fest hat sich der Glaube an die Alternativlosigkeit der direkten Kommunikation etabliert, dass jetzt selbst das evangelische Magazin *Chrismon* eine dominante Sprache als Heilsweg zu Erfolg und Achtung preist. *Rein! Tür zu! Setzen!* ist ein Artikel überschrieben, der empfiehlt, im Sinne des Gender-Mainstreaming den Ton in deutschen Unternehmen um ein paar weitere Grade zu verschärfen.

Mehr Härte ist eine Möglichkeit. Nur müssen wir dann eben auf mehr Klasse im Miteinander verzichten. Ohne *niceness* und ihre sprachlichen Umständlichkeiten und Verdrehtheiten ist die feine englische Art nämlich nicht zu haben. Leider fürchten bei uns viele, der rücksichtsvolle Tonfall könne missverstanden werden. Tatsächlich drückt sich in ihm eine Verhaltenssicherheit aus, die dem Gegenüber wortlos vermittelt, was von ihm erwartet wird. Zusätzlich sorgt die Reziprozitätsregel – das Wie-du-mir-so-ich-dir-Prinzip – dafür, dass die meisten Gesprächspartner den Umgang auf Augenhöhe honorieren.

Es lohnt sich deshalb, den weltläufigen Gentle(wo)man-Stil zumindest als Zweitsprache zu pflegen. Denn je flacher die Hierarchien, je gemischter die Teams, je gesuchter die Leistungsträger, desto dringender brauchen wir eine freundliche, faire Gesprächskultur. Wie anders als durch Kooperation könnten wir die Weltsicht unterschiedlicher Geschlechter, Generationen und Nationalitäten miteinander verbinden? Grenzen elegant ziehen? Ziele möglichst gesichtswahrend für alle Seiten verabreden?

Selbstverständlich selbstbewusst

Wir haben uns daran gewöhnt, dass Menschen direkt sagen, was sie meinen. Ist das nicht der Fall, gerät jemand ins Stocken, gibt er seine Meinung nur vage zu verstehen, gesteht er Zweifel ein, interpretieren wir das Zögern rasch als Zeichen von Unsicherheit. Angelsachsen deuten das gleiche Verhalten weit positiver: als Zeichen einer selbstbewussten Entspanntheit, die niemanden unter Druck setzt und keinem etwas beweisen muss.

Natürlich sehen Angelsachsen Erfolg im Leben, im Job und im Sport genauso gern wie wir. Allerdings stellt sich Gelingen am besten wie selbstverständlich ein. Am allerbesten war es in Form der richtigen Familie und Verbindungen schon immer da. Diese Luxusvariante des unangestrengten Erfolgs bleibt zwar Eton-Zöglingen oder Ostküsten-Preppies vorbehalten, und inzwischen kommen eher die neuen Reichen in seinen Genuss als die alten Eliten. Doch die Privilegiertheit aus besseren Zeiten hat Spuren hinterlassen: Nach wie vor wirkt Gelingen am besten, wenn es sich als natürliches Verdienst präsentiert. Erfolgsgetue und Rang-Rangelei kennzeichnen den Selfmade-Man. Gentleman und Gentlewoman vermeiden dagegen jedes allzu sichtbare Bemühen.

Stress, Strebertum und Selbstdarstellung gelten als middle-class. Traditionell gehört es zur guten Kinderstube, Erfolge und die dafür nötige Anstrengung herunterzuspielen.

In einem französischen Essay über das Gentleman-Ideal heißt es: »Alles, wofür man hart arbeitet, lohnt sich nicht zu haben. Alles, was sich zu haben lohnt, wird nicht ostentativ zur Schau gestellt, sondern so lässig getragen wie ein altes Tweedjacket.« Aus dieser

Haltung heraus finden moderne Gentle(wo)men Möglichkeiten, im Boardroom und beim Meeting Nägel mit Köpfen zu machen, ohne Kollegen, Kunden und Konkurrenten die eigene Meinung in Überdeutlichkeit einzuhämmern. *Never let them see you sweat* heißt die Haltung, wonach man Erfolg nicht mit aller Macht an sich reißt, sondern im Wissen um die eigenen Vorzüge gelassen auf sich zukommen lässt. Oder, wie der französische Diplomat Charles Maurice de Talleyrand schon im 18. Jahrhundert empfahl:

»Vor allem, Gentlemen, bloß nicht den geringsten Eifer.«

Zumindest nach außen hin den Eifer zu zügeln, das könnte auch eine Empfehlung für das Kommunikationsverhalten mittlerer Manager sein. Denn gute Arbeit plus klare Ansagen machen unangreifbar. Aber Leistung kombiniert mit selbstbewusster Leichtigkeit wirkt einfach unschlagbar.

Eine Frage der Haltung

Die Fähigkeit zur Gelassenheit zeichnet den Gentleman nicht nur in den guten Tagen gegenüber weniger kultivierten Zeitgenossen aus. Sie kommt ihm auch zugute, wenn das Leben einmal nicht auf seiner Seite ist. Sportlichkeit, nicht im Sinn von Rekorden, sondern im Sinn von Fairness und innerer Stärke gehört zum Ehrenkodex. Deshalb ist in England und den USA eine uns eher fremde Mentalität verbreitet: ein guter Verlierer zu sein und über Probleme möglichst wenig Worte zu verlieren. Wer auf sich hält, verarbeitet sein Unglück privat, »in gefasster, zurückgezogener Trauer«, wie Helen Mirren in ihrer Rolle als Elizabeth II in dem

Film *The Queen* sagt. »Das ist die Art, wie wir die Dinge in diesem Land handhaben. Schlicht, in Würde.«

Ein Beispiel für angelsächsische Würde in bitterer Stunde findet sich in Tom Fords preisgekröntem Film *A Single Man*. In einer bewegenden Szene erfährt George Falconer, Professor für englische Literatur, telefonisch vom Unfalltod seines langjährigen Lebensgefährten Jim. Auf seine Frage nach dem Termin für die Trauerfeier erhält er die niederschmetternde Antwort, der Trauergottesdienst sei ausschließlich für die Familie gedacht. »Für die Familie. Natürlich«, sagt George. »Danke, dass Sie mich angerufen haben.« Gentleman und Gentlewoman ist Wohlerzogenheit zur zweiten Natur geworden.

Deshalb funktioniert sie auch dann, wenn Stress und Belastung ins Unerträgliche steigen. Jacqueline Kennedy hat die tief sitzende Contenance zum Beispiel dazu befähigt, im Anschluss an das Begräbnis von John F. Kennedy eine Geburtstagsfeier für ihren dreijährigen Sohn zu geben. Die Selbstbeherrschung hat nichts mit Gefühllosigkeit und viel mit Selbstdisziplin zu tun. Im angelsächsischen Kulturraum zeugt es von Klasse, keine großen Worte zu machen, wenn es Ernst wird. Gentle(wo)men kommunizieren genau damit die Art von Würde, die man nicht aus dem Kommunikationsratgeber lernt.

Oh, uhm: Words don't come easy

Das Gentleman-Ideal steht für viele menschlich vorbildliche und gesellschaftlich aufwertende Eigenschaften. In ihm verbindet sich, was zu vereinbaren schwerfällt: Selbstbeherrschung und Selbstbewusstsein, Gelassenheit und Geschmack, Fairplay und formvollendete Manieren, innere Haltung und äußere Form. Das attraktive Vexierspiel zwischen Sein und Schein spiegelt sich auch im sprachlichen Verhalten wider.

Wer ausstrahlt, was wir als die feine angelsächsische Art bezeichnen, wirkt nie so unbefangen redegewandt, so selbstsicher und smart, wie wir es gern wären.

Im Gegenteil: »Kein Engländer kann ein perfekter Gentleman sein«, schreibt der Diplomat Harold Nicolson und Ehemann von Vita Sackville-Vest, »wenn er nicht, wie der Duke von Wellington, oft schüchtern ist.« Nicolson war selbst Sohn eines Barons und seine Beobachtung liefert die Erklärung für das, was auffällt, wenn man englische Filme und amerikanische TV-Serien in der Originalsprache sieht: Die echten Heldinnen und Helden, die klugen, sympathischen Protagonisten, sind nur ganz selten Maulhelden. Sie können sich ausdrücken und beherrschen die Gentle(wo)-man-Klaviatur von Humor, Understatement und Empathie. Das schließt aber nicht aus, dass sie sich verhaspeln, nach Worten ringen, »uhm« und »actually« und »basically« stottern und immer ein bisschen scheu wirken, so als müssten sie sich erst einen Schubs geben, ihre Meinung kundzutun oder eine Rede zu halten.

Cordelia in Shakespeares *Lear*, Elizabeth Bennett und Fitzwilliam Darcy in *Stolz und Vorurteil*, Julia Roberts und Hugh Grant in *Notting Hill*, Albert und Allegra in *Hitch – Der Date-Doctor* oder, in der ganz jungen Variante, Dan Humphrey in *Gossip Girl* haben eines gemeinsam: Sie sind intelligent, attraktiv und wortgewandt, obwohl – oder vielleicht gerade weil – sie nicht immer gleich den passenden Spruch auf den Lippen haben. In der Art, wie sie nach Worten suchen, sich auf die Zunge beißen und aneinander vorbeireden, wirken sie verwirrt und charmant und manchmal ein bisschen absurd. *Manieren*-Autor Asserate weist darauf hin, genau diese eigentümliche Verlegenheit weise deutlich in die »Gentleman«-Richtung.

Je netter, desto zögernder – diese Beobachtung wirft die Frage auf: Ist selbstgewisse Eloquenz tatsächlich die uneingeschränkt erstrebenswerte Erfolgseigenschaft, zu der wir sie hochstilisieren? Bedeutet gute Kommunikation tatsächlich zuerst und vor allem, dass man glattzüngig seinen Standpunkt formuliert? Ist es nicht mindestens genauso wichtig, sich im Gespräch einander anzunähern, aufeinander abzustimmen, Themen auszuloten, zu umkreisen und gemeinsam zu entwickeln? Denn je komplexer die Fachinhalte, je komplizierter das Privatleben, desto mehr hängt davon ab, dass wir einander verstehen. Desto wichtiger ist es auch, dass wir uns einander wohlwollend zuwenden. Imagepflege und Besserwisserei, Fachchinesisch und High-Potential-Deutsch stören dabei mehr, als sie nützen.

Auch deshalb kommen die zeitlosen Gentle(wo)men-Tugenden gerade zu neuen Ehren: Sie fördern ein Miteinander auf Augenhöhe. Sie paaren Höchstleistung mit Freundlichkeit. Sie sind als Verhaltenskodex auf der ganzen Welt geschätzt.

Zudem tragen sie zur sprachlichen Klarheit bei: Kultivierte UK/ US-Kreise verachten alles Affektierte. Fachjargon, Trendwörter und Wortgeklingel gehören deshalb eher nicht zum Vokabular von Gentleman und Gentlewoman.

Vielleicht ist es deshalb an der Zeit, dass wir es den Angelsachsen nachtun. Reduzieren wir den Anteil englischer Wörter in unserer Kommunikation, das Managerdenglisch, die Buzzwords und diffusen Anglizismen, die mehr Missmut als Nutzen stiften. Stattdessen übernehmen wir mehr von den Sprachgepflogenheiten ins Deutsche, die die Angelsachsen zu höchster Form entwickelt haben: Understatement und Smalltalk. Herzlichkeit und Witz. Selbstbeherrschung und die Entspanntheit zu akzeptieren:

Sprechen heißt Denken, und die richtigen Worte kommen nicht wie von selbst. Das müssen sie auch nicht.

Neben vielem anderen machen die Angelsachsen uns nämlich vor, was bei uns in Vergessenheit zu geraten droht: Glattzüngigkeit ist nur bedingt erstrebenswert und gelegentliches Zögern oder kleine Versprecher können zu unseren Gunsten sprechen. Mehr denn je lebt Kommunikation davon, dass wir eine gemeinsame Sprache finden und einen Weg, uns einander verständlich zu machen. Das ist kompliziert. Das braucht seine Zeit, Überlegung und manchmal einen zweiten Anlauf. Das dürfen unsere Zuhörer ruhig merken. Das sollen sie sogar merken. Die Suche nach dem passenden Wort kommuniziert nichts anderes, als dass wir die Sache und den Austausch darüber ernst nehmen, echt sind, überraschbar und überlegt.

Quellen

Dialoge und Zitate

Anonymus und Klein, Joe: *Mit aller Macht.* Heyne 1997
Armageddon, 1998.
Arnim, Elizabeth von: *Elizabeth und ihr Garten.* Insel 1998
A Single Man, 2009
Austen, Jane: *Stolz und Vorurteil.* dtv 1997
Austen, Jane: *Emma.* dtv 2005
Austen, Jane: *Mansfield Park.* dtv 2002
Beauvoir, Simone de: *Amerika bei Tag und Nacht*, Rowohlt 1988
Burns, John. F.: *Remembering Fleming, Ian Fleming.* New York Times.
    May 19, 2008
Bushnell, Candance: *Lipstick Jungle.* Abacus 2009
Chesterfield, Earl of: *Letters to His Son.* 1751. http://www.fullbooks.
    com/Letters-to-His-Son-17512.html
Christie, Agatha: *Der Täter lässt bitten.* Loewe 1988
Colt, Howe: *The Big House.* Scribner 2004
Columbo: *Lösegeld für einen Toten*, 1977
The Complete Shakespeare. Arden, 2000
Fellowes, Julian: *Snobs.* Goldmann 2008
Franzen, Jonathan: *Freiheit.* Rowohlt 2010
Goldfinger, 1964
Gossip Girl (TV-Serie 2007 -)
Harris, Robert: *Pompej.* Arrow 2004
Harris, Robert: *Ghost.* Heyne 2008
Hornby, Nick: *High Fidelity.* Droemer 1999
Hustvedt, Siri: *Die Leiden eines Amerikaners.* rororo 2009
Johnson, Rachel: *Notting Hell.* Penguin 2007
Last Chance Harvey, 2008
Mad Men (TV-Serie 2007–)
Mann, Thomas; Schickele, Rene: *Jahre des Unmuts.* Klostermann 1992
McEwan, Ian: *Abbitte.* Spiegel Hamburg 2006/07
McEwan, Ian: *Solar.* Random House 2010

Miller, Sue: *The Senator's Wife*. Vintage 2009
Pretty Woman, 1990.
Rowling, Joanne K.: *Harry Potter and the Order of the Phoenix*.
Bloomsbury 2003
Salter, James: *Lichtjahre*. rororo 2000
Sex and the City (TV-Serie 1998–2004)
Shreve, Anita: *Eine Hochzeit im Dezember*. Piper 2007
Smith, Zadie: *Von der Schönheit*. Goldmann 2008
Taylor-Guthrie, Danille K.: *Conversations with Toni Morrison*. United
University Press of Mississippi 1994
The Queen, 2006
Twain, Mark: *The Adventures of Huckleberry Finn*. Penguin Classics
2003
Up in the Air, 2009
Wall Street, 1987
Weisgerber, Lauren: *Der Teufel trägt Prada*. Goldmann 2006
Wiedersehen mit Brideshead, 2008
Woolf, Virginia: *Mrs. Dalloway*. Fischer 2006

Reden und Präsentationen

American Rhetoric. Online Speech Bank. http://www.americanrhetoric.
com/
Angela Merkels Rede im US-Kongress im Wortlaut. Welt online. http://
www.welt.de/politik/ausland/article5079678/Angela-Merkels-Rede-
im-US-Kongress-im-Wortlaut.html
Bill Gates on energy: Innovating to zero! TED 2010 http://www.ted.
com/talks/bill_gates.html
Der Bambi-Auftritt von Stephanie zu Gutenberg. http://www.bild.de/
BILD/video/clip/no-pre-roll/2009/11/27/gutenberg.html
Joanne K. Rowling. Commencement: The Fringe Benefits of Failure,
and the Importance of Imagination. Harvard Magazine, Juni 2008.
http://harvardmagazine.com/commencement/the-fringe-benefits-
failure-the-importance-imagination
Kathy Gill. Bush Acceptance Speech. about.com. Sep 3 2004 http://
uspolitics.about.com/od/speeches/a/bush_speech.htm
Obama Berlin Speech: See Video, Photos, Full Speech Transcript.
24.07.08. The Huffington Post. http://www.huffingtonpost.
com/2008/07/24/obama-in-berlin-video-of_n_114771.html
Obama Speech In Cairo: VIDEO, Full Text. 04.06.09. The Huffington
Post. http://www.huffingtonpost.com/2009/06/04/obama-speech-in-
cairo-vid_n_211215.html

Rhodes, Deborah: A tool that finds 3x more breast tumors, and why it's not available to you. http://www.ted.com/talks/deborah_rhodes.html
Richard Hamming. You and Your Research. Transcription of the Bell Communications Research Colloquium Seminar 7 March 1986. http://www.cs.virginia.edu/~robins/YouAndYour Research.html
Steve Jobs 2005 Stanford Commencement Address: How to live before you die. http://www.youtube.com/watch?v=UF8uR6Z6KLc
TED. Ideas worth spreading. www.ted.com
Wronski, Mike. Very Short But Amazing Speech by Coca Cola CEO Bryan Dyson. StartupCEO March 1, 2010. http://www.startupceo. co.za/2010/03/01/amazing-speech-bryan-dyson/

Bücher

Aldrich, Nelson Jr.: *Old Money: The Mythology of Wealth in America.* Allworth Press 1997
Blyth, Catherine: *The Art of Conversation. How Talking Improves Lives.* John Murray 2008
Branch, Shelly; Callaway, Sue: *What Would Jackie Do?* Gotham Books 2005
Brown, Penelope; Stephen C. Levinson: *Politeness: Some Universals in Language Usage.* Cambridge University Press, 1987
Bryson, Bill: *Bill Bryson, The Mother Tongue: English & How It Got That Way.* William Morrow and Co. 1990
Dampier, Phil: *Duke of Hazard: The Wit and Wisdom of Prince Philip.* Book Guild 2006
Deutschmann, Mats: *Apologising in British English.* Umeå: Umeå Universitet 2003
Ellis, Joseph J.: *The American Sphinx. The Character of Thomas Jefferson.* Easton Press, 1996
Fox, Kate: *Watching the English. The Hidden Rules of English Behaviour.* Hodder & Stoughton 2005
Leanne, Shel: *Say it like Obama. The Power of Speaking with Purpose and Vision.* McGraw-Hill 2009
Leech, Thomas: *Say it like Shakespeare.* McGraw-Hill 2001
Märtin, Doris: *Smart Talk. Sag es richtig!* Campus 2006
Marhenke, Dietmar: *Britischer Humor im interkulturellen Kontext.* Braunschweig 2003.
Scherer, Martin: *Der Gentleman: Plädoyer für eine Lebenskunst.* dtv 2003

Thomas, Alexander; Kammhuber, Stefan; Sylvia, Schroll-Machl (Hg.): *Handbuch Interkulturelle Kommunikation und Kooperation*. Band 2: Länder, Kulturen und interkulturelle Berufstätigkeit. Vandenhoeck & Ruprecht 2003

Zeitungen, Zeitschriften und Broschüren

Accenture 2009 Global Consumer Satisfaction Report. *Start Making Sense. Defining Customer Experiences that Enable High Performance.*

Bates, Michael M.. Hillary, aka Senator Clinton, plays the name game. *Canada Free Press.* Thursday, April 26, 2007

Blickle, G., Schneider, P. B., Perrewé, P. L., Blass, F. R., & Ferris, G. R. (2008). The Roles of Self-Disclosure, Modesty, and Self-Monitoring in the Mentoring Relationship: A Longitudinal Multi-Source Investigation. *Career Development International, 13,* 224 – 240.

Böhm, Ursina. Kompetenz für deutsch-amerikanische Geschäftsbeziehungen. *lift-report,* 4/2005

Brooks, David. Playing Innocent Abroad. *New York Times. Beilage SZ,* Monday, August 4, 2008

Bubenhofer, Noah/Klimke, Martin/Scharloth, Joachim: The Word War: »Yes, He Did«. How Obama won the (rhetorical) battle for the White House. *International Relations and Security Network, ISN* ETH Zurich 2008

Eisenhauer, Bertram. Unternehmenskultur: »Ein Du allein bedeutet nicht viel«. *Frankfurter Allgemeine Sonntagszeitung,* 01.07.2007, Nr. 26

Fras, Damir. Der Himmel über Berlin. *Berliner Zeitung.* 9. November 2009

Grawert-May, Erik. Die Sucht mit sich identisch zu sein. Nachruf auf die Höflichkeit. *Rotbuch* 2002

Greengross, G., & Miller, G. F. (2008). Dissing oneself versus dissing rivals: Effects of status, personality, and sex on the short-term and long-term attractiveness of self-deprecating and other-deprecating humor. *Evolutionary Psychology,* 6(3), 393-408.

Grimes, William. The New American Service: Easygoing, Not French And Formal. *The New York Times.* February 03, 1999

Heilmann, Dirk. Britische Banken fürchten Daumenschrauben. *Handelsblatt,* 16.06.2009

Holch, Christine. Rein! Tür zu! Setzen! *chrismon* 02.2011. 13 - 18

Kahl, Joachim. Das Gentleman-Ideal – ein weltlich-humanistischen

Persönlichkeitsideal für beide Geschlechter. *Marburger Forum. Beiträge zur geistigen Situation der Gegenwart.* Jg. 1 (2000), Heft 1

Kielinger, Thomas. Ein glückliches Land, trotz allem *Cicero*, Mai 2010

Köcher, Renate. *Generationenbarometer 09.* Berlin, 8. April 2009

Kotthoff, Helga. Aspekte der Höflichkeit im Vergleich der Kulturen. *Muttersprache* 4, 2003

Laura Fitzpatrick. Are Hugs the New Handshakes? *Time*, Thursday, Feb. 12, 2009

Mayer, Christian. Contencance, bitte. *SZ*, 15. Dezember 2009

McShane, Larry. Barack and Michelle Obama's ›fist bump of hope‹ shows them silly in love. *Daily News*, Friday, June 6th 2008.

Menden, Alexander. Bitter wie die Nationalgetränke. Warum die Briten so gern über brutale Witze lichen und inwieweit ihnen dieser Humor beim Überleben hilft. *SZ*, 29. Dez. 2010

Peitz, Dirk. Hugh Grant über Handwerk. *Süddeutsche Zeitung*, 24./25./26./27. Dezember 2009

Petersen, Alexia. »I'm not too happy«: Hitting the Right Tone in English. *Personal.Manager - HR International*, April 2003

Radden, Günter. Verhaltensaspekte in der Sprache: »Höflichkeit« im Englischen. In: *So Nah Und Doch So Fern. Englische Mentalität und »Englishness« in Kultur, Gesellschaft und Alltag. LINCOM Studies in English Language and Culture.* 2005

Sander, Daniel. Gentleman bevorzugt. *Kulturspiegel*, 27.10.2008

Schoeller, Olivia. Azubis der Streitkultur. Pöbeleien gehören unter deutschen Politikern zum Handwerk – in den USA herrscht mehr Fairness. Ein Vergleich. *Berliner Zeitung*, 18. Februar 2009

Schroll-Machl, S. & Slate, E. (2003). Nordamerika: USA.
In: Thomas, Alexander, Kammhuber, Stefan & Schroll-Machl, Sylvia (Hg.) (2003). *Handbuch Interkulturelle Kommunikation und Kooperation, Band 2: Länder, Kulturen und interkulturelle Berufstätigkeit.* Göttingen: Vandenhoeck & Ruprecht, S. 135 - 149

Schloemann Johan. Obama in Versen, Hillary in Prosa. Überredung oder Substanz? Ein Gespräch mit dem Yale-Politikwissenschaftler Bryan Garsten über die Rhetorik im amerikanischen Wahlkampf. *SZ*, 22. Januar 2008

Tartakovsky. Pun for the Ages. *The New York Times*, March 28, 2009

Willard, G., & Gramzow, R. H. (2009). Beyond oversights, lies, and pies in the sky: Exaggeration as goal projection. *Personality and Social Psychology Bulletin*, 35, 477-492

Winkler, Wille. Worte zur Macht. Zum Tod von Theodore Sorensen, dem Redenschreiber Kennedys. *SZ*, 2. November 2010

Internet

107th Congress Stennis. Congressional Staff Fellows. BUILDING ON COMMON GROUND: Balancing Debate with Dialogue in Congress. http://www.congresslink.org/StennisFeature.pdf

Bartiromo, Maria. Facetime with Barack Obama. Bloomberg Business Week. April 3, 2008 http://www.businessweek.com/magazine/content/08_15/b4079017876246.htm

Boyes, Roger. Die Deutschen und der Humor. Meet the Germans. Goethe-Institut. Januar 2007 http://www.goethe.de/ins/gb/lp/prj/mtg/typ/hum/de2947773.htm

BrainyQuote. http://www.brainyquote.com/

Clemen, Gudrun. Hecken in Wirtschaftstexten. Gastvortrag am 13. Dezember 1996 am Lehrstuhl für Sprachwissenschaft II der Europa-Universität Viadrina. http://www.kuwi.europa-uni.de/de/lehrstuhl/sw/sw2/forschung/hedging/hecken_in_wirschaftstexten/index.html

Craig Brown. »I've had a bit of an accident« ... Hooray for some stiff upper lip in blubbing Britain. 17. November 2009. Mail online. 17th November 2009. http://www.dailymail.co.uk/debate/article-1228358/CRAIG-BROWN-Ive-bit-accident--Hooray-stiff-upper-lip-blubbing-Britain.html

Ginsberg, Scott. I'm Such a Moron - Self-Deprecating Humor Basics. http://EzineArticles.com/?expert=Scott_Ginsberg

http://www.huffingtonpost.com/2009/01/02/michelle-obama-first-impr_n_154754.html

James McCabe. Business-Englisch Zehn Gebote für die Konversation auf Englisch. 05.06.2007. http://www.sueddeutsche.de/karriere/business-englisch-zehn-gebote-fuer-die-konversation-auf-englisch-1.571657

Jörg Schieb. Kundenservice in den USA: Rechnung drucken – oder per E-Mail? http://www.schieb.de/229/kundenservice-in-den-usa-rechnung-drucken-oder-per-e-mail

Lakoff, Robin. Language in Context. Language, Vol. 48, No. 4, (Dec., 1972), pp. 907-927

Looß, Annekatrin. Pulverschnee, Promis und Privatjets, Welt online, 18.02.05, http://www.welt.de/print-welt/article436700/Pulverschnee_Promis_und_Privatjets.html

Mendoza, Martha. And the Prize for the Most Tragic Phrase Goes To. http://www.communicoltd.com/pages/323_and_the_prize_for_the_most_tragic_phrase_goes_to_.cfm?searchterm=tina_turner

o.V. »Knigge für den Job: In der Firma lieber duzen oder siezen?« 04.06.2010 http://www.t-online-business.de/knigge-fuer-den-job-in-der-firma-lieber-duzen-oder-siezen-/id_20693808/index

o.V. Emma Thompson – Thompson Understood Madonna's »Emotionally Retarded« Outburst. contactmusic.com. 12 January 2009. http://www.contactmusic.com/news.nsf/story/thompson-understood-madonnas-emotionally-retarded-outburst_1091515

o.V. Social Math: Making Numbers Count. Sightline Institute. http://www.sightline.org/research/sust_toolkit/communications-strategy/flashcard-no-5-making-numbers-count

Pressley J. M. Thou Pesky »Thou«. Shakespeare Ressource Center. http://www.bardweb.net/content/thou.html

Service Barometer AG. Kundenmonitor Deutschland. Studieninformation 2010. www.kundenmonitor.de

Stevenson, Scot W. »Buffy« Staffel 8 und die Vornamen-Falle. USA Erklärt. April 4, 2007. http://usaerklaert.wordpress.com/2007/04/04/buffy-staffel-8-und-die-vornamen-falle/

Stevenson, Scot W. Warum Amerikaner (Briten, Kandadier) nicht sagen, was sie meinen. USA Erklärt. September 18, 2006. http://usaerklaert.wordpress.com/2006/09/18/warum-amerikaner-briten-kanadier-nicht-sagen-was-sie-meinen/

Vasquez, Henry James. The Extended Metaphor. Experimental Word Science. http://henryjamesvasquez.blogspot.com/2010/08/extended-metaphors-real-world-inception.html

Weiner, Rachel. Michelle Obama First Impression, First Date With Barack (VIDEO). The Huffington Post, January 2, 2009

Woo, Kin. The Gentlewoman speaks. Dazed Digital. http://www.dazed-digital.com/fashion/article/7156/1/the-gentlewoman-speaks

ZDF Wortwahlscanner. http://www.zdf.de/ZDFxt/module/Wortwolken/spitzentimeline/start.html#/Parteiprogramme

Zeuner, Ulrich. Deutsche Sprache – schwere Sprache? Ein interkulturelles Experiment. Vortrag am 03.04.2004 zur Eröffnung von LINGUAPORTA – das Sprachenportal im Dreiländereck (http://call.tu-dresden.de/lingua/index.htm) an der TU Dresden.

Register